**Dipl.-Ing. Torsten K. Keppner**
Epfenbergstraße 2-4
74937 Spechbach

Cornelia Kricheldorff, Barbara Hinding (Hrsg.)

Die Berufsbiografie als Ressource und Gestaltungselement im demografischen Wandel:
Biografisches Teamcoaching und Lebensphasenspezifisches Arbeiten

Cornelia Kricheldorff, Barbara Hinding (Hrsg.)

# Die Berufsbiografie als Ressource und Gestaltungselement im demografischen Wandel:
Biografisches Teamcoaching und Lebensphasenspezifisches Arbeiten

PABST SCIENCE PUBLISHERS · Lengerich

*Kontaktadresse:*
*Prof. Dr. Cornelia Kricheldorff*
*Soziale Gerontologie und Soziale Arbeit*
*im Gesundheitswesen*
*Prorektorin für Forschung und*
*Institutsleitung IAF*
*Katholische Hochschule Freiburg*
*Institut für Angewandte Forschung,*
*Entwicklung und Weiterbildung (IAF)*
*Karlstraße 63*
*79104 Freiburg*

*Bibliografische Information der Deutschen Nationalbibliothek*
Die Deutsche Nationalbibliothek verzeichnet diese Publikation in der Deutschen Nationalbibliografie; detaillierte bibliografische Daten sind im Internet über <http://dnb.ddb.de> abrufbar.

*Titelbild: Christoph Koch*

© 2015 Pabst Science Publishers, 49525 Lengerich, Germany
Formatierung: Armin Vahrenhorst

Druck: KM-Druck, 64823 Groß-Umstadt

Print:  ISBN 978-3-95853-057-7
eBook: ISBN 978-3-95853-058-4 (www.ciando.com)

# Inhaltsverzeichnis

# Dank

Unser Dank gilt allen, die zur Entwicklung der beiden in diesem Band vorgestellten Maßnahmen beigetragen haben, durch Finanzierung, durch organisatorische Unterstützung, durch fachliche Begleitung, durch Diskussionsbeiträge und durch praktische Anregungen. Unser besonderer Dank richtet sich an die Krankenhäuser, Pflegeeinrichtungen, Sozialen Dienste und Einrichtungen der Sozialen Arbeit, die uns Datenerhebungen ermöglicht und an der Entwicklung der Maßnahmen mitgewirkt haben und weiterhin an alle, die sich vor Ort Zeit für Interviews und das Ausfüllen von Fragebögen genommen und an den ersten Maßnahmen und an deren Evaluation beteiligt waren.

*Barbara Hinding und Cornelia Kricheldorff*

# 1 Einleitung

*Anja Höcke*

Das vom BMBF geförderte Projekt InnoGESO (Innovations- und Demografiemanagement in Gesundheits- und Sozialberufen) hat es sich zum Ziel gesetzt, die Chancen, die mit dem demografischen Wandel verbunden sind, aufzuzeigen und zu fördern. D.h. eine alternde Gesellschaft und damit auch eine steigende Zahl an älteren Mitarbeiter(innen) in den Unternehmen nicht im Sinne der „Defizithypothese des Alterns" mit ihren Nachteilen zu betrachten, sondern sie als wertvolle Ressource zu begreifen, auf deren Berufs- und Lebenserfahrung zurückgegriffen werden kann und muss.

Neben der allgemein fortschreitenden Ökonomisierung, verbunden mit steigendem Zeitdruck und Einsparung von Ressourcen, zeigt sich in den Bereichen der Pflege und der Sozialen Arbeit besonders deutlich, bereits heute ein dem demografischen Wandel geschuldeter Mangel an qualifiziertem Fachpersonal. Dieser Trend wird sich in den kommenden Jahren noch verstärken. Dazu kommt, dass nicht nur die Mitarbeiter(innen) im Bereich der Pflege und Sozialen Arbeit im Durchschnitt immer älter werden, sondern auch deren zu betreuende Patient(innen) und Klient(innen). Dadurch kommt es häufiger zu schwerwiegenderen psychosozialen Problemen bzw. zu erhöhter Multimorbidität bei den zu Betreuenden, dies wiederum beansprucht die Mitarbeiter(innen) in höherem Maße psychisch und physisch als zuvor.

Umso wichtiger ist es, dass Unternehmen und Organisationen, speziell in den Bereichen der Pflege und der sozialen Arbeit, Maßnahmen ergreifen, um die Gesundheit, die Motivation und damit auch die Innovationsfähigkeit und –bereitschaft ihrer Mitarbeiter(innen) über die gesamte Berufsspanne zu erhalten. In Untersuchungen bei den teilnehmenden Praxispartnern im Rahmen des Projektes InnoGESO zeigte sich deutlich, dass nicht nur ältere Mitarbeiter(innen) stark belastet sind, sondern auch schon jüngere Mitarbeiter(innen) durch die oben beschriebenen beruflichen Herausforderungen in Verbindung mit individuellen Herausforderungen im Privatleben, wie beispielsweise Kindererziehung oder Pflege von Angehörigen, einer Dauerbelastung ausgesetzt sind, die häufig dazu führt, dass die Betroffenen schon vor dem gesetzlichen Renteneintrittsalter nicht mehr in der Lage sind, ihren Beruf in Vollzeit auszuüben. Um dem entgegenzuwirken und die fachpersonellen Ressourcen auch langfristig zu stärken, wird es für Unternehmen und Organisationen der Pflege und der Sozialen Arbeit immer wichtiger werden, schon frühzeitig die besonderen Herausforderungen und Bedürfnisse ihrer Mitarbeiter(innen) in den verschiedenen Lebensphasen stärker zu berücksichtigen sowie die Zusammenarbeit in altersgemischten Teams zu fördern. Nur so wird es möglich sein, die für Unternehmen und Organisationen in unserer sich immer schneller verändernden Welt so wichtige Innovationsfähigkeit und –bereitschaft der Mitarbeiter(innen) aller Altersstufen zu erhalten und zu stärken.

Im Rahmen des Projektes InnoGESO wurden in 3 Teilprojekten mit Schwerpunkten in den Bereichen Psychologie (Universität Heidelberg), Pflegewissenschaft (Universität Witten/Herdecke) und Sozialarbeitswissenschaft (Katholische Hochschule Freiburg) zum Einen die Einflussfaktoren auf Innovationsfähigkeit und –bereitschaft mit Hilfe qualitativer und quantitativer Untersuchungen bestimmt, deren Ergebnisse Eingang in ein Modell der Kompetenzen und Bedingungen für Innovationsfähigkeit fanden. Zum Anderen wurden darauf aufbauend Instrumente entwickelt die in den Unternehmen eingesetzt werden können, um gezielt die Innovationsfähigkeit und -bereitschaft der Mitarbeiter(innen) zu fördern. Im vorliegenden Praxisleitfaden werden mit dem "Biografischen Teamcoaching" und dem "Lebensphasenspezifischen Arbeiten" zwei dieser Instrumente vorgestellt, die sich besonders mit den individuellen bzw. auf speziellen Lebensphasen beruhenden Herausforderungen und Bedürfnissen befassen.

# 2 Biografisches Teamcoaching Praxisleitfaden

*Cornelia Kricheldorff, Anna Mielich, Petra Endres*

## Inhalt

# 1    Das Biografische Teamcoaching als Intervention

Das **Konzept für die Intervention** „Biografisches Teamcoaching" ist - vor dem beschrieben Projekt-Hintergrund (vgl. Einleitung) - für die beteiligten Praxiseinrichtungen eine fachliche Antwort im Sinne einer innovativen Intervention, die sich aus den Forschungsergebnissen im Projekt ableitet. Der Ansatz des Biografischen Teamcoachings wurde im Rahmen des Projekts InnoGESO entworfen, erprobt und optimiert. Das vorliegende Handbuch stellt das Konzept in seiner theoretischen Fundierung vor und skizziert seine praktische Durchführung.

Durch die Einführung dieser Maßnahme erfahren die Mitarbeiter(innen) eine Stärkung ihrer Person und die Zusammenarbeit im Team wird verbessert. Das Freiburger Teilprojekt liefert damit, im Rahmen des Projektverbunds InnoGESO, im erweiterten Sinn auch einen Beitrag zur Stärkung der Gesundheit von Mitarbeiter(inne)n aller Altersgruppen in Pflege-, Gesundheits- und Sozialberufen und dient damit zugleich der Unterstützung des internen Demografiemanagements der Einrichtungen und Organisationen. Die Seminar-Reihe des Biografischen Teamcoachings ist explizit für Mitarbeiter(innen) entwickelt worden, dient der Unterstützung ihrer alltäglichen Arbeitssituation und ist als Befähigung zu Innovativität und sozialer Innovation zu verstehen.

Im Teilprojekt der Katholischen Hochschule Freiburg wurden Pflege-, Gesundheits- und Sozialberufe aus einer individuellen Perspektive, auf der Grundlage von insgesamt 64 berufsbiografischen Einzelinterviews betrachtet und im Detail qualitativ ausgewertet. Die Erfahrungen und berufsbiografischen Wege, die dabei sichtbar werden, bilden einerseits Tendenzen aufgrund von Einzelerfahrungen ab und sind zugleich immer in Verbindung mit der Gesamtorganisation zu sehen, in welche die interviewten Mitarbeiter(innen) und Führungspersonen eingebunden sind. Die Analyse von individuellen Wegen im Berufsleben, sowohl über den Zeitraum eines langen Berufslebens, als auch im Sinne einer aktuellen Momentaufnahme, dient der Ermittlung der Faktoren, die es (älter werdenden) Mitarbeiter(inne)n ermöglichen, lange und gesund ihren Beruf ausüben zu können.

In der qualitativen Studie stellt die biografische Perspektive den Zugang zu der Frage her, wie das Zusammenspiel von Arbeitsumfeld, aktueller Situation der Arbeitsbedingungen sowie der persönlichen Situation auf die Biografien der Mitarbeiter(innen) wirken. Im Anschluss an die einzelanalytische Betrachtung der Interviews konnten am Ende der Auswertung generalisierende Aussagen zu Situation und Einfluss von Berufsbiografien und Arbeitsrealität im Berufsfeld getroffen werden. Auf dieser Grundlage sind entsprechende Einflussfaktoren benannt und konkrete Interventionsmöglichkeiten entwickelt worden, die dafür sorgen, dass Mitarbeiter(innen) in die Lage versetzt werden, ihre Gesundheit und Leistungsfähigkeit im Laufe ihres Berufslebens erhalten und stärken zu können.

Die berufsbiografischen Interviews wurden in insgesamt 14 Kliniken, Verbänden, Stiftungen sowie ambulanten und stationären Altenhilfeeinrichtungen in Nordrhein-Westfalen und Baden-Württemberg durchgeführt, die sich als Praxispartner am InnoGESO-Projekt beteiligten.

Dazu gehören die Akutpflege, Altenpflege, Behindertenhilfe und verschiedene Handlungsfelder der Sozialen Arbeit aus beiden Bundesländern. Die Auswahl der Einrichtungen geht größtenteils auf eine langjährige Zusammenarbeit der Hochschulen und der Einrichtungen zurück, zum Teil bereits in vorherigen Forschungsprojekten. Es wurden zudem Praxispartner ausgewählt, die als Multiplikatoren dienen und Interesse daran haben, dass in ihren Arbeitszusammenhängen im Anschluss an die Datenerhebung und Auswertung, aus den Forschungsergebnissen resultierende Interventionen erprobt werden können.

## 1.1 Zielsetzung und Intention des Biografischen Teamcoachings

- Stärkung der Mitarbeiter(innen) in der Wahrnehmung ihrer eigenen Person sowie ihrer eigenen Eigenschaften und Kompetenzen
- Einführung und Etablierung einer wertschätzenden Kommunikation innerhalb der Teams
- Sensibilisierung der einzelnen Personen in Bezug auf die eigenen Wahrnehmungs- und Kommunikationsfähigkeiten
- Erlernen von „Handwerkszeug" für eine gelingende Verständigung durch Sprache
- Sensibilisierung für die biografischen Hintergründe
- Erwerben von interkulturellen Kompetenzen
- Erproben und Umsetzen der erlernten Fähigkeiten anhand von exemplarischem Fallcoaching im Seminarkontext
- Stärkung der Zusammenarbeit und Innovationsfähigkeit im Team auf der Basis von Verständnis
- Erfahren von Unterstützung durch neue und kreative Wege von Verständigung in interdisziplinären und altersgemischten Teams

## 1.2  Zielgruppe des Biografischen Teamcoachings

Eine gelungene Zusammenarbeit am Arbeitsplatz und im Team stellt die Basis für die einzelnen Mitarbeiter(innen) und für einen positiven betrieblichen Ablauf dar. Die Zusammenarbeit unterschiedlicher Menschen, unterschiedlichen Alters, mit verschiedenen kulturellen und biografischen Hintergründen und weiteren Facetten stellt die Arbeitsrealität der meisten Personen aus den befragten Berufsgruppen dar. Damit die Gestaltung des Umgangs miteinander und untereinander als Basis des gemeinsamen Arbeitsalltags gelingen kann, setzt das Konzept des Biografischen Teamcoachings auf Ebene der einzelnen Persönlichkeit an, eingebettet in die gemeinsame Arbeit auf Ebene des Teams bzw. Kollegiums.

Eine positive Atmosphäre am Arbeitsplatz und eine gute Zusammenarbeit unter den Kolleg(inn)en braucht zunächst Verständnis für einander. Die Basis dafür entsteht durch eine gelungene Kommunikation und den positiven Austausch miteinander und zugleich durch das Erleben der verschiedenen persönlichen „Geschichten" im Sinne von Biografien und individuellen Hintergründen. Dabei geht es nicht um das detaillierte Ausbreiten von persönlichen Erlebnissen, sondern vielmehr um das eigene Verständnis darüber, dass Wahrnehmung und Kommunikation von den individuellen biografischen Erlebnissen geprägt werden. Wird das eigene Erleben und Denken zumindest partiell erfahren und verstanden, ist dies die Grundlage für ein Verständnis jeder Form von Andersartigkeit in Sprechen, Denken und Handeln der Menschen, mit denen im beruflichen Kontext gearbeitet wird. Dies bezieht sich auf das Kollegium und selbstverständlich auch auf die Klient(inn)en bzw. Patient(inn)en. Besonders bei Teams, die vertrauensvoll Hand in Hand zusammenarbeiten und auf die gegenseitige Unterstützung im Arbeitsalltag angewiesen sind, ist dies eine wichtige Vorrausetzung.

In einem geschützten Rahmen werden den Mitarbeiter(innen) in den Seminaren des Biografischen Teamcoachings die Möglichkeiten geboten, mit Unterstützung durch ausgewählte und erprobte Methoden die eigenen Erfahrungen, Stärken, Schwächen und damit eine biografisch-reflexive Kompetenz zu entwickeln. Dieser individuelle Lernprozess, eingebettet in ein Gruppensetting, wird von erfahrenen und ausgebildeten Fachpersonen in achtsamer Atmosphäre angeleitet und begleitet.

## 1.3   Rahmenbedingungen

Die Reihe der drei aufeinander aufbauenden Workshop-Tage des Biografischen Teamcoachings ist expliziert für die Mitarbeiter(innen) und ihre Bedürfnisse, bezogen auf den Arbeitsalltag, konzipiert worden. Um die Inhalte und Ergebnisse nachhaltig und positiv innerhalb der beteiligten Einrichtungen zu verankern, werden zum Auftakt der Veranstaltungsreihe und des damit verbundenen Prozesses die relevanten Leitungspersonen (mittlere Leitungsebene mit Stellvertretung) vorab mit dem Ansatz des Biografischen Teamcoachings vertraut gemacht. Sie sollen das Potenzial und die Möglichkeiten erkennen und einschätzen können, die mit dem Ansatz verbunden sind. In einem gemeinsamen Tagesseminar werden deshalb Vorgehensweise und Intention des Ansatzes Biografisches Teamcoaching vorgestellt. Dieser Teil gehört fest zum Programm.

Die inhaltlichen Module für die Mitarbeiter(innen) werden im Rahmen von drei 1-tägigen Workshops angeboten, die bewusst mit dem zeitlichen Abstand von mehreren Wochen stattfinden sollen - optimal sind jeweils 3-4 Wochen zwischen den Terminen. Dies zeigt sich nach der Erprobungsphase als gute Voraussetzung, um das Biografische Teamcoaching nachhaltig innerhalb der Organisation zu etablieren und wirksam werden zu lassen. Die Workshops zum Biografischen Teamcoaching können selbstverständlich auch mit Führungs- und Leitungsteams durchgeführt werden.

## 1.4   Struktur des Biografischen Teamcoachings

**Vorbereitungsphase:**
- Tagesseminar für Personen der mittleren Leitungsebene, inklusive der Stellvertreter(innen) der beteiligten Einrichtungen und Organisationen.

**Durchführungsphase:**
- Fortbildung für die Mitarbeiter(innen)

- Modul 1: **Dialog und Biografie**
  Wie formt unsere Biografie unseren persönlichen Dialog?
- Modul 2: **Biografiearbeit**
  Wie beeinflussen persönliche Erfahrungen und Erlebnisse unsere Wahrnehmung?
- Modul 3: **Gelingende Zusammenarbeit im Team**
  Was sind wichtige Basics der Biografie- und Dialogarbeit?

Zwischen den einzelnen Modulen sollen jeweils 3-4 Wochen liegen.

## 2 Der theoretische Bezugsrahmen des Biografischen Teamcoachings

Das Konzept für das Biografische Teamcoaching besteht zum Einen aus den Ergebnissen der berufsbiografischen Interviews aus dem Projekt Inno-GESO und zum Anderen aus der Theorie und ausgewählten Methoden zum Biografischen Arbeiten und Lernen in Gruppen. Auf dieser Basis ist eine Fortbildungsreihe mit drei auf einander aufbauenden Modulen entstanden, deren Ziel die konkrete Anknüpfung an die Arbeitsrealität von Menschen ist, die in Gesundheits-, Pflege- und Sozialberufen tätig sind. Vermittelt wird in den drei Modulen konkretes Handwerkszeug für den Einsatz im (Arbeits-)Alltag, mit dem Ziel der psychischen Entlastung. Folgende **Ergebnisse** sowie **Theorien und Methoden,** auf die bei der Entwicklung des Biografischen Teamcoachings Bezug genommen wurde, sollen in diesem Kapitel kurz skizziert werden. Sie bilden insgesamt den theoretischen Bezugsrahmen des neuen Konzepts:

2.1 Empirische Befunde der qualitativen Studie des Freiburger Teilprojekts, im Rahmen des Projektverbunds InnoGESO

2.2 Biografiearbeit als ressourcenorientierte Methode

2.3 Ressourcenorientiertes Denken und Handeln

2.4 Der Assoziative Dialog

2.5 Methoden des Einzel- und Gruppencoachings

### 2.1 Empirische Befunde der qualitativen Studie des Freiburger Teilprojekts, im Rahmen des Projektverbunds InnoGESO

Die Auswertung der berufsbiografischen Interviews stellt eine erste fachliche Fundierung für das Konzept des Biografischen Teamcoachings dar (Mielich & Höcke 2014). Im Folgenden werden die wesentlichen Themen, die dabei identifiziert werden konnten, übersichtlich dargestellt. Daraus werden zentrale Aspekte erkennbar, die einen Blick auf die alltäglichen Arbeitssituationen sowie auf die persönlichen und charakteristischen Prägungen in Gesundheits-, Pflege- und Sozialberufen ermöglichen. Beides galt es bei der Konzeptentwicklung zu berücksichtigen, um tatsächlich eine passgenaue und hilfreiche Intervention zu entwickeln, durch die die Mitarbeiter(innen) sowohl Stärkung, als auch Entlastung erfahren können.

---

**Inhaltliche Schwerpunkte der inhaltsanalytischen Auswertung der berufsbiografischen Interviews**

- Verstehen der Zusammenhänge von Alter und Innovationsfähigkeit im Berufsleben.

- Ermittlung der Faktoren, die es älter werdenden Mitarbeiter(innen) ermöglichen, lange und gesund ihren Beruf ausüben zu können.

- Erkennen der Strukturen bei den Organisationen, Unternehmen und ihrer spezifischen Arbeitskultur, die Mitarbeitenden in ihrer Entwicklung von Innovationskompetenz unterstützen können.

- Ermittlung des Einflusses von berufsbiografischen Faktoren wie Arbeitslosigkeit und prekärer Beschäftigung, Krankheitszeiten und den Folgen ausbleibender vertikaler Karrieren für Berufsweg, Gesundheit und Innovationskompetenz.

---

Aus dieser Analyse der berufsbiografischen Interviews ergaben sich folgende **thematische Schwerpunkte (Kategorien)**, die für die Entwicklung der Konzeption des Biografischen Teamcoachings besonders relevant waren:

---

1. Generalisierende Kernaussagen über die berufliche und persönliche Situation
2. Berufsethos - Motivation und Identifikation mit dem Beruf
3. Erfahrene Wertschätzung
4. Belastungen im Berufsalltag
5. Strukturen im Arbeitsfeld
6. Kultureller Wandel
7. Zusammenarbeit der Generationen
8. Unterschiede zwischen Männern und Frauen

---

*Thematischer Schwerpunkt 1:*
*Generalisierende Kernaussagen über die berufliche und persönliche Situation*

Zusammenfassend lassen sich folgende inhaltliche Aspekte und zentrale Aussagen benennen, die zugleich charakterisierend für die überwiegende Mehrheit der befragten Mitarbeiter(innen) in Gesundheits-, Pflege- und Sozialberufen stehen und letztlich zur Entwicklung des Konzepts des Biografischen Teamcoachings führten.

**Zusammenfassende Ergebnisse:**

- Die befragten Mitarbeiter(innen) haben eine hohe Identifikation mit ihrem Arbeitsplatz und ihrer Tätigkeit.
- Die Mitarbeiter(innen) berichten von einem „familiären Gefühl", das sie in der Zusammenarbeit mit ihrem Team erleben.
- Viele Mitarbeiter(innen) beschreiben eine sehr hohe Motivation für ihre Arbeit.
- Werden Fach-, Fort- und Weiterbildungen von den Einrichtungen unterstützt, empfinden die Mitarbeiter(innen) dies als Wertschätzung.
- Die schlechte Bezahlung, im Sinne von nicht erfahrener Wertschätzung (Änderung der Tarifverträge) beschäftigt die Mitarbeiter(innen).
- Es gibt viele Mitarbeiter(innen) mit der Erfahrung prägender biografischer Umbruchssituationen, wie Migration. Interkulturelle Kompetenzen sind für die Teams und ihre Zusammenarbeit also enorm wichtig, um sich gegenseitig besser zu verstehen.
- Die meisten Befragten beschreiben sich selbst als Personen mit einem ausgeprägten „Helfersyndrom".
- Die Fähigkeit sich selbst ausreichend von der Arbeit und dem Alltagsstress abgrenzen zu können, ist häufig nicht sehr ausgeprägt.
- Die Mitarbeiter(innen) beschreiben ein „zu viel" an Arbeit, an Dingen, die gleichzeitig zu tun sind (z. B. auf Demenzstationen), sowie die spezifischen Themen der Bewohner, mit denen sie umgehen müssen (Krankheiten, Demenz, Tod, Konflikte mit Angehörigen). Dies wird als belastend empfunden.
- Das Gefühl wird beschrieben, dass die Arbeit auf Kosten der eigenen Gesundheit geht.
- Zuweilen entsteht das subjektive Gefühl von Dauerstress.
- Mitarbeiter(innen) beschreiben einen enormen Personalmangel und sind frustriert über den Arbeitsdruck, dem sie dadurch ausgesetzt sind.

## *Thematischer Schwerpunkt 2:*
### *Berufsethos – Motivation und Identifikation mit dem Beruf*

Die meisten der befragten Mitarbeiter(innen) beschreiben eine „große Liebe" für ihren Beruf als Motiv. Sehr häufig wird eine hohe Identifikation mit ihrem Beruf und ihrer Tätigkeit beschrieben. Dies motiviert viele Mitarbeiter(innen) zu einem großen persönlichen Einsatz.

Die eigene Perspektive und das Bild, das sich von dem jeweiligen Beruf in der eigenen Vorstellung entwickelt hat, ist häufig von den Erfahrungen anderer Familienmitglieder und teilweise auch durch erste eigene Erfahrungen, beispielsweise innerhalb der Familie, geprägt worden.

17

*„Da bin ich vielleicht, da bin ich vielleicht häuslich geprägt, meine Mutter ist Krankenschwester…" (Pflegedirektor, 49 Jahre).*

Diese familiären Erfahrungen und Prägungen haben bei den befragten Personen häufig dazu geführt, dass ein bestimmtes Bild des Berufes, und der damit verbundenen Aufgaben, entstanden ist. Die eigene Motivation einen Beruf aus dem Bereich Sozial- und Gesundheitswesen gewählt zu haben, wird häufig als Berufung beschrieben:

*„Ich liebe einfach ältere Menschen, ich liebe Menschen zu helfen und ich habe es ja gesagt, ich habe es noch keinen Tag bereut." (Altenpflegerin, 53 Jahre).*

Viele Interviewpartner(innen) berichten von ihrem eigenen Wunsch, Menschen helfen zu wollen, der für sie die Hauptmotivation für diesen Beruf darstellt.

*„In der Sozialarbeit ist es ja die Haupt-Motivation, etwas für Menschen tun zu wollen." (Pädagoge, 59 Jahre).*

Hinter der hohen Motivation steht oft ein bestimmtes Verständnis von Pflege: *„Pflege ist Therapie"* und bzw. ein bestimmtes Verständnis der Sozialen Arbeit: *„Etwas für Menschen tun wollen"* und das Gefühl eine Bestimmung zu haben, es als einen sozialen Auftrag zu empfinden, Menschen helfen zu wollen.

Diese persönliche Motivation hat eine Kehrseite: Teilweise wird der eigene Wunsch, den Menschen helfen zu wollen, durch das eigene „Helfersyndrom" begründet.

*„Oh ich glaube mein Helfersyndrom war damals auch ausgeprägt…" (Krankenpflegerin, 52 Jahre).*

Dies ist der Hintergrund dafür, dass viele der befragten Mitarbeiter(innen) davon sprechen, dass sie häufig die Schwierigkeit haben sich abzugrenzen, zu viel von sich und ihrer Kraft geben und zu wenig auf sich selbst achten.

> **Zusammenfassende Ergebnisse:**
>
> Typische Merkmale von Beschäftigten in Gesundheits- und Sozialberufen sollten im Kontext der Intervention vorab in den Blick genommen werden. Als solche können häufig benannt werden:
>
> - Die große „Liebe" zum Beruf, was zu einem (über-)hohen Arbeitseinsatz motiviert
> - Schwierigkeiten, die eigenen Grenzen zu erkennen und zu setzen, verbunden mit der Gefahr von Kraftverlust und Burnout

*Thematischer Schwerpunkt 3:*
*Erfahrene Wertschätzung*

Die erfahrene Wertschätzung von Vorgesetzten wird von der überwiegenden Zahl der befragten Personen als eine wichtige Rückmeldung der eigenen Arbeit empfunden. Die positiven bzw. negativen Erfahrungen variieren je nach Persönlichkeit der Vorgesetzten stark. Häufig berichten die Mitarbeiter(innen) allerdings, dass sie sich in ihrer Arbeit von ihren Vorgesetzten nicht (genug) gesehen und wertgeschätzt fühlen.

*„Unsere Vorgesetzten haben so eine demotivierende Art mit uns umzugehen. Sie könnten noch so viel mehr von uns bekommen, wenn sie mit mehr Achtung und Respekt mit uns umgehen würden." (Sozialpädagogin, 48 Jahre)*

Das Gesamtbild von Pflege- und Sozialberufen, die gesellschaftlich nicht besonders anerkannt sind, so die Interviewpartner(innen), prägen den Eindruck der eigenen Wahrnehmung des Berufes. Oft wurde beschrieben, dass die Erfahrung von fehlender Wertschätzung, im Sinne von Nicht-Anerkennung der geleisteten Arbeit, nicht selten dazu führt, dass der Beruf gewechselt wird.

*„Viele verlassen den Beruf auch, was natürlich A mit der Belastung zu tun hat, aber auch mit der ja (...) die soziale Anerkennung dieses Berufs ist nicht sehr hoch in Deutschland. Das muss man einfach so sagen. Was sich in verschiedenen Aspekten widerspiegelt, unter anderem auch der Bezahlung. Uns geht es nicht schlecht, aber ich glaube da spreche ich für viele Leute für das was wir tun halte ich uns für nicht adäquat bezahlt. Und trotzdem sind so viele Leute noch dabei. Und es wird von der Politik, nicht jetzt von unseren*

*Leuten, von den Vorgesetzten, aber auch von der Politik einfach nicht gewürdigt." (Krankenpfleger, 53 Jahre)*

Es besteht der Eindruck, dass die Gesellschaft bzw. die Politik die Leistung und die Arbeit dieser Berufe nicht bzw. zu wenig anerkennt. Missstimmung entsteht, wenn die Mitarbeiter(innen) den Eindruck haben, dass ihr Einsatz und ihre Leistung nicht anerkannt werden. Die Reaktionen der Patient(inn)en, Klient(inn)en sowie deren Angehöriger, die als Anerkennung der eigenen Tätigkeit und Leistung empfunden werden, wirken sich dabei stark auf das Erleben der Sinnhaftigkeit der eigenen Tätigkeit aus.

*„Also von manchen Kunden bekommt man sehr große Anerkennung. Was Sie machen, dass könnte ich nie machen im Leben. Bei manchen Leuten hat man so das Gefühl man ist so eine bessere Putzfrau. Das ist ja Ihr Beruf, das müssen Sie machen." (Krankenpflegerin, 48 Jahre)*

---

**Zusammenfassende Ergebnisse:**

Mitarbeiter(innen) brauchen also

- mehr Wertschätzung von ihren Vorgesetzten.
- die soziale und gesellschaftliche Anerkennung ihres Berufes.
- Wertschätzung durch Patient(inn)en bzw. Klient(inn)en sowie durch deren Angehörige.

---

### Thematischer Schwerpunkt 4:
### Belastungen im Berufsalltag

Belastend sind die *äußeren Faktoren*, wie Schichtdienste, Nachtdienste, geteilte Dienste, sowie häufig eine hohe Anzahl von Überstunden, sowie in der eigenen Freizeit für Kolleg(inn)en einspringen zu müssen. Der Personalmangel fordert von den Mitarbeiter(inne)n einen hohen Arbeitseinsatz. Zugleich führt die Überbelastung durch zu wenig Personal und wachsende Aufgaben dazu, dass mittlerweile überwiegend die „Basisversorgung" im Mittelpunkt steht, so die Beschreibung vieler Interviewpartner(innen).

*„Ziemlich belastend für die Mitarbeiter ist eigentlich das Gefühl zu wenig Mitarbeiter zu haben oder auch laufend einspringen zu müssen, wenn jemand krank wird, wenn jemand ausfällt, ist so. Und*

*was sich verändert hat ist im Gegensatz zu früher ist (...), dass ich mit dem Mensch mit Behinderung viel mache auch Einzelsituationen so Entwicklungsmöglichkeiten auslote, das schaffe ich heute nicht mehr (...) es geht eigentlich nur um eine Basisversorgung im Moment."* (Heilpädagogin, 53 Jahre)

Die *psychischen Belastungen* in Gesundheits- und Sozialberufen werden von den Mitarbeiter(inne)n meistens als die zentralen Belastungen des Berufes beschrieben. Im Arbeitsalltag ist der Umgang mit den Klient(inn)en und Patient(inn)en in der Regel geprägt von der Arbeit mit psychisch kranken Menschen, Menschen in extremen Lebenssituationen, dem Umgang mit Sterbenden, mit schwerkranken Menschen, Menschen mit Behinderung etc. Dem gegenüber steht das Empfinden, das zu wenig Zeit vorhanden ist, um den Menschen, mit denen gearbeitet wird, überhaupt gerecht werden zu können.

Folgendes Zitat bringt den Zwiespalt der häufig erlebten Arbeitssituationen und zugleich die Absurdität auf den Punkt:

*„Stellen Sie sich vor, sie sind in einer Beratung, eine Frau erzählt Ihnen wie sie von ihrem Mann geschlagen wird und Sie schauen auf die Uhr und sagen dann: „So, dann trocknen Sie sich die Tränen ab. Wir machen einen neuen Termin." Das macht ganz viele Kollegen unzufrieden."* (Sozialpädagogin, 30 Jahre)

Die *physischen Belastungen*, die in Gesundheits-, Pflege- und Sozialberufen sehr ausgeprägt sind, stellen ebenfalls eine enorme Belastung dar, die außerdem mit zunehmendem Alter als stärker werdend und einschränkender erlebt werden.

*„Meine ganze Wirbelsäule ist kaputt, also an jeder Stelle habe ich da Probleme, aber klar, es ist klar, dass das aus dem Beruf her tangiert, aber ich versuche das durch Sport zu kompensieren, ich versuche meine Schmerzen besser in den Griff zu kriegen."* (Krankenpflegerin, 55 Jahre)

Erschöpfung, Burnout, körperliche Einschränkungen und Erkrankungen sowie chronische Leiden, wie Rückenschmerzen treten häufig auf und sind sozusagen Berufskrankheiten.

Um an diesen Belastungen etwas ändern zu können, ist von den Mitarbeiter(innen) sehr deutlich der Wunsch nach mehr und unangetasteten Regenerationsphasen (am Feierabend, im Urlaub) geäußert worden, der Wunsch nach Veränderungen der Arbeitsstrukturen zu Gunsten der Arbeitnehmer(innen), sowie der Wunsch nach Angeboten zur Stärkung der psychischen und physischen Gesundheit.

---

**Zusammenfassende Ergebnisse:**

Als Belastungen im Berufsalltag werden empfunden:

- *Schlechte Rahmenbedingungen* wie Schichtdienste, Nachtdienste, geteilte Dienste
- Viele Überstunden aufgrund von Personalmangel
- Nicht ausreichende Veränderungen der Arbeitsstrukturen zu Gunsten der Arbeitnehmer(innen)
- Zeitmangel - vor allem zu wenig Zeit, um den Menschen in der Arbeit gerecht zu werden
- *Psychische Belastungen* durch die Themen und Problemlagen der Patient(inn)en und Klient(inn)en
- *Physische Belastungen,* die mit zunehmendem Alter der Mitarbeiter(innen) immer stärker werden - der am häufigsten genannte Grund für einen Berufswechsel
- Erschöpfung, Burnout, körperliche Einschränkungen und Erkrankungen sowie chronische Leiden, wie Rückenschmerzen sind teilweise die Folgen
- Fehlende oder nicht ausreichende Regenerationsphasen
- Zu wenig Angebote zur Stärkung der psychischen und physischen Gesundheit

---

*Thematischer Schwerpunkt 5:*
*Strukturen im Arbeitsfeld*

Die Zusammenarbeit im Kollegium mit anderen Berufsgruppen am Arbeitsplatz und den Vorgesetzten hat einen maßgeblichen Einfluss auf das Arbeitsklima. Es stellt gleichermaßen die Basis für eine vertrauensvolle Zusammenarbeit sicher. Die Interviewpartner(innen) beschreiben die Zusammenarbeit innerhalb ihres Teams überwiegend als positiv.

*„Wir sind ein gutes Team und wir helfen uns und wenn etwas ist, gibt es so eine Solidarität und das ist auch so ernst gemeint" (Krankenpflegerin, 51 Jahre).*

Insbesondere die Arbeit miteinander in altersgemischten Teams wird als sehr gut gelingend beschrieben.

Benannt wird dabei vor allem die Erweiterung der eigenen Perspektive, sowohl in Bezug auf die Lebenserfahrung als auch auf die Fachkompetenz. Die Voraussetzung dafür, dass diese Qualitäten bei den jeweils Jüngeren bzw. Älteren anerkannt und angenommen werden können, ist eine gute und wertschätzende Atmosphäre im Team.

Die Verständigung und Transparenz zur mittleren Leitung und Leitung wird meistens als eher schwierig empfunden. Die Mitarbeiter(innen) beschreiben, dass sie teilweise nicht verstehen, warum bestimmte Dinge auf eine Weise getan oder verändert werden sollen.

Mitarbeiter(innen) benennen außerdem, dass sie sich oft „von oben" von ihren direkten oder höheren Vorgesetzten unter Druck gesetzt fühlen. Das Gefühl von Unverständnis, Druck und teilweise Angst kann zu Stress führen. Die hierarchischen Strukturen innerhalb der Organisation verhindern immer wieder einen unkomplizierten Austausch zwischen den Mitarbeiter(innen) und der Leitung.

In der ambulanten Pflege und in vielen Bereichen der Sozialen Arbeit (Einzelfallhilfe/ SPFH/ Familienpflege/ Behindertenhilfe) besteht die Mehrzahl der Mitarbeiter(innen) aus *Einzelkämpfer(inne)n*. Es gibt sehr häufig geteilte Dienste bzw. Doppeldienste, die als eine große Belastung und als Einschränkung empfunden werden:

*„Wenn ich da den Dienstplan sehe, da sind es diese Doppeldienste(...). Mich belastet es auch arg, körperlich und psychisch eigentlich, weil man hat eine kurze (...) Mittagspause, man schafft aber daheim ja auch, vor allem die Mütter, Haushalt, ja. Also ich stehe morgens auf, gehe arbeiten, komme heim, mache meinen Haushalt und gehe nachmittags wieder arbeiten, ja. Man hat einen Rundum-Job (...) man ist den ganzen Tag nur im Rahmen des Dienstes unterwegs. Das finde ich auch sehr belastend. Also da wäre wirklich so ein Optimal, die Dienste irgendwie ganz anders zu ändern, dass man acht Stunden am Stück arbeitet. Geht aber nicht bei uns in der ambulanten Pflege..."* (Krankenpflegerin, 51 Jahre)

Fachlich und persönlich sind Mitarbeiter(innen) in diesen Berufsgruppen in ihrem Berufsalltag häufig auf sich allein gestellt. In Situationen, die kritisch sind, oder als kritisch empfunden werden, wird dies als große (teilweise zu große) Verantwortung empfunden, die es zu tragen gilt. Eine weitere große Belastung ist, dass es auch bei sehr schwierigen Einsätzen in der Regel kein „Notfallsystem" im Sinne einer Notfalltelefonnummer oder Kolleg(inn)en im Hintergrund gibt. Das heißt für die Mitarbeiter(innen), dass sie meist auch in extremen Situationen auf sich allein gestellt sind. Dies erzeugt Unwohlsein, teilweise Angst und fordert von den Mitarbeiter(innen) individuelle Wege zur Unterstützung und zur Bewältigung zu finden.

---

**Zusammenfassende Ergebnisse:**

Um in den bestehenden Strukturen gesund und arbeitsfähig zu bleiben werden folgende Möglichkeiten und Überlegungen benannt:

- Entwicklung neuer Wege der Kommunikation auf Basis einer Anerkennung der Persönlichkeiten der Mitarbeiter(innen)

- Entwicklung neuer Möglichkeiten zur Strukturierung von Fachbereichen/ Stationen/ großen Teams

- Mehr Partizipation und Selbstverantwortung der Mitarbeiter(innen) und Schaffung entsprechender Bedingungen und Kapazitäten

- Regelmäßiger Austausch sowie Supervision im Team

---

*Thematischer Schwerpunkt 6:*
*Kultureller Wandel*

Kultureller Wandel findet aktuell auf vielen Ebenen statt, unter anderem auch durch die Globalisierung und ihre Auswirkungen auf persönliche Biografien und die Arbeitswelt. Er offenbart sich im Leben jedes einzelnen Menschen und zeigt sich auch innerhalb der Organisationen und Institutionen der befragten Berufsgruppen. Phänomene des kulturellen Wandels werden in den Interviews deutlich thematisiert, vor allem im Kontext:
- der Zusammenarbeit im Kollegium mit verschiedenen kulturellen Hintergründen,
- der Betriebskultur und dem innerbetrieblichen Wandel (beispielsweise vom Ordenskrankenhaus, im dem ausschließlich Ordensschwestern in der Pflege arbeiten, hin zu einer Klinik mit weltlichem Pflegepersonal),

- der Wünsche und Ansprüche der Mitarbeiter(innen) sowie ihrer Vorstellungen zur Gestaltung ihrer Arbeit (und ihrer Arbeitszeiten),
- des Verständnisses von Leitung und Führung einer Organisation bzw. Einrichtung,
- des beruflichen Selbstverständnisses und der beruflichen Identifikation der einzelnen Mitarbeiterin und des einzelnen Mitarbeiters,
- eines gesamtgesellschaftlichen Trends hin zu Singularisierung und Individualisierung.

---

**Zusammenfassende Ergebnisse:**

Vor dem Hintergrund kultureller Wandlungsprozesse brauchen

- Mitarbeiter(innen) ein Mehr an Stärkung und Unterstützung ihrer persönlichen und interkulturellen Kompetenzen.
- Orte und Gelegenheiten für mehr Kommunikation und erlebte Partizipation zur Schaffung einer gemeinsamen Unternehmens- oder Teamkultur.

---

*Thematischer Schwerpunkt 7:*
*Zusammenarbeit der Generationen*

Unterschiedliche Generationen haben häufig andere Bedürfnisse was die Art und Weise der Gestaltung ihres Beruf- und Privatlebens und das Setzen ihrer eigenen Schwerpunkte angeht. Es bestehen nebeneinander die unterschiedlichsten individuellen Herangehensweisen und Lösungen. Dies führt unter den Generationen (in beide Richtungen) teilweise zu extremen Zuschreibungen über fachliche und persönliche Eigenschaften sowie Qualitäten und Kompetenzen:

> *„Wer möchte schon Wochenends arbeiten? Diese nachkommenden Generationen, (…) die lernen viele Sachen einfach nicht mehr. (…) Eben diese Verantwortung zu tragen, zu kommunizieren, sich auf etwas einzulassen – und, ja: Disziplin! (…) Das, was man tut, zu tragen, das ist für mich ein Generationsproblem…." (Krankenpflegerin, 45 Jahre).*

Die Vereinbarkeit von Privatleben bzw. Familie und Beruf wird für alle Mitarbeiter(innen) gleich welcher Generation immer wichtiger. Je nach Alter betrifft dies die Vereinbarkeit von Freizeitaktivitäten, Kinderbetreuung, Familienleben bzw. die Versorgung oder Pflege von Angehörigen. Die

Prioritäten werden dabei jeweils unterschiedlich gesetzt. Dies weckt teilweise Unverständnis untereinander.

> *„Manchmal habe ich in meinem Team das Gefühl, dass wir die gesamten Dienstpläne nach unseren jungen Kolleg(innen) und ihrem Freizeit- und Sportprogramm richten müssen."* (Krankenpflegerin, 43 Jahre)

Die Berufliche Identifikation unterscheidet sich bei den verschiedenen Generationen teilweise erheblich.

> *„Wenn eine Pflegekraft bei uns mit knapp über 60 Jahren aus dem Berufsleben ausscheidet, habe ich hinterher eigentlich 1,5 Stellen neu zu besetzen. Die langjährigen Mitarbeiterinnen sind oft mit dem Haus verheiratet, da wird natürlich ein ganz anderer Arbeitseinsatz gezeigt."* (Pflegedirektor, 49 Jahre)

---

**Zusammenfassende Ergebnisse:**

- Mitarbeiter(innen) beschreiben unterschiedliche Einstellungen und Haltungen zum Arbeitseinsatz, einem für sie gesunden „Maß" an Arbeit, sowie zur Grenzziehung zwischen Arbeit und Privatleben.
- Mitarbeiter(innen) aller Generationen äußern den Wunsch nach einer besseren Vereinbarkeit von Privatleben und Berufstätigkeit.
- Mitarbeiter(innen) aller Generationen haben das Bedürfnis nach individuellen und flexiblen Gestaltungsmöglichkeiten ihrer Arbeitszeit.
- Mitarbeiter(innen) haben den Wunsch nach neuen und innovativen Formen der Arbeitsgestaltung.

---

*Thematischer Schwerpunkt 8:*
*Unterschiede zwischen Männern und Frauen*

Die Basisarbeit in der Pflege und der Sozialen Arbeit ist traditionell weiblich dominiert, während Männer bislang dort eher in Führungspositionen zu finden waren. Aber auch in diesem Kontext findet derzeit ein Wandel statt – der Anteil an Frauen im mittleren Lebensalter, die in Führungspositionen kommen, nimmt zu.

In der Auswertung der berufsbiografischen Interviews wurde deutlich, dass bei den befragten Mitarbeiter(innen) die Männer mehr Durchsetzungsvermögen haben und sich deutlicher im Beruf abgrenzen können, als dies bei Frauen der Fall ist.

Männer in diesen Berufen sind entweder mit „ihrem Weg" zufrieden und haben das Gefühl erfüllt arbeiten zu können, z. B. durch entsprechende Weiterbildungen bzw. Fachpositionen. Oder aber sie äußern die Absicht den Beruf zu wechseln oder Führungspositionen anzustreben. Die befragten Frauen beschreiben bei sich selbst eher die Tendenz, den Druck auszuhalten: „so ist es eben" und sehen deutlich weniger Optionen auf Veränderung. Deutlich wird aber auch, dass die jüngeren Frauen ebenfalls viel stärker ihre Grenzen im Berufsleben setzen, wenn es beispielsweise darum geht, eine für sie positive Vereinbarkeit zwischen Beruf und Privatleben zu gestalten. Sie leben viel stärker als ihre älteren Kolleginnen im Bewusstsein, dass der derzeitige Fachkräftemangel Zugeständnisse der Arbeitgeber zugunsten der Arbeitnehmer(innen) notwendig und möglich macht.

---

**Zusammenfassende Ergebnisse:**

- Die Basisarbeit in Gesundheits-, Pflege- und Sozialberufen wird von Frauen geleistet.
- Die Vereinbarkeit von Familie und Beruf ist das Thema der Frauen.
- Frauen können eher weniger gut die Grenzen eigener Belastung aufzeigen und vertreten.
- Männer in Gesundheits-, Pflege- und Sozialberufen sind häufiger und schneller in Leitungspositionen.
- Männer können sich besser abgrenzen und ihre Bedürfnisse vertreten.
- Besonders bei den jüngeren Frauen wächst das Selbstbewusstsein und führt dazu, bestimmte Rahmenbedingungen einzufordern.

---

## 2.2 Biografiearbeit als ressourcenorientierte Methode

*„Der Blick auf die Biografie dient dem besseren Verständnis von sich selbst, von Familienmitgliedern und Freunden, Patienten, Klienten und Bildungsteilnehmern. (…) Biografiearbeit nutzt vor allem die Selbsterkenntnis und das Selbstverständnis der Menschen (…)." (Klingenberger 2003, S. 11)*

Der Begriff *Biografie* wird im alltäglichen Sprachgebrauch meist verwendet für die Beschreibung einer Lebensgeschichte, begriffen als eine Abfolge von Lebensdaten und eine Aufschichtung unterschiedlichster Ereignisse. Einige davon sind vorhersehbar und für viele Personen einer Alterskohorte typisch. Sie gelten als normative Ereignisse, die alle Menschen betreffen, die zu einer bestimmten Zeit an einem bestimmten Ort leben und die eng mit zeitgeschichtlichen Entwicklungen verknüpft sind. Deren individuelle Bedeutung ist jedoch je nach Alter, Zugehörigkeit zu einer bestimmten sozialen Gruppe und Betroffenheit sehr unterschiedlich. Aus der chronologischen Beschreibung der individuellen Fakten und Ereignisse ergibt sich der individuelle *Lebenslauf* (Kricheldorff 2014).

In der *biografischen Erzählung* wird deutlich, welche Rolle bestimmte Erlebnisse und Erfahrungen für den Einzelnen haben und wie sie das weitere Leben beeinflussen. Diese individuellen biografischen Prägungen sind im Unterschied zu objektivierbaren biografischen Daten für Außenstehenden nicht einfach erkennbar und nachvollziehbar. Wenn aber Phasen des eigenen Lebens im Rückblick, in der biografischen Erzählung, thematisiert und betrachtet werden, können zum einen lebensgeschichtliche Erlebnisse und Erfahrungen retrospektiv an Bedeutung gewinnen und Sinn ergeben (Kricheldorff 2014 und 2005). Daraus lassen sich Ressourcen und Gestaltungsoptionen für das weitere Leben ableiten. Zum anderen teilen wir uns damit auch anderen Menschen mit und geben einen Einblick in unsere individuellen Deutungs- und Verhaltensmuster, die oft von äußeren Anlässen und Rahmenbedingungen ausgelöst werden können und zu bestimmten Verhaltensweisen führen. Andere Menschen vor dem Hintergrund ihrer biografischen Prägungen zu sehen, bedeutet also auch, sie besser zu verstehen.

Vor diesem Hintergrund werden in der Sozialen Arbeit und in der Altenarbeit Ansätze des biografischen Arbeitens und Lernens als Ressource genutzt, um die prägenden persönlichen Hintergründe der Klient(inn)en erfahrbar zu machen, ihnen dadurch ihre eigenen Ressourcen zu erschließen und auch die eigene Arbeit im Beratungs- oder Begleitungsprozess gezielt, im Sinne eines verstehenden Zugangs, darauf ausrichten zu können. Es geht darum, Zusammenhänge von äußeren Faktoren und persönlicher Prägung zu erkennen, im Sinne *Rekonstruktiver Sozialer Arbeit*. Diese geschieht immer auf drei zeitlichen Ebenen: ausgehend von der *Gegenwart*, wird der Blick auf die *Vergangenheit* gerichtet, um Anhaltspunkte für die Gestaltung des eigenen Lebens in der *Zukunft* zu gewinnen (Miethe 2011).

Beim hier vorliegenden Konzept des Biografischen Teamcoachings werden Teilaspekte des Biografischen Arbeitens und Lernens (Hölzle u.a. 2011) herausgegriffen und mit den Themen des beruflichen Alltags verknüpft. Dabei geht es im Unterschied zu therapeutischen Settings und Beratungssituationen eher um die Schaffung eines ermöglichenden Rahmens zur berufsbezogenen Selbstreflexion und zum Austausch im Team. Eine Leitprämisse ist dabei die Selbststeuerung und Vertraulichkeit im Team. Und es gilt, nur so viel persönlich zu thematisieren und zu offenbaren, wie im Arbeitskontext als angemessen und wichtig erscheint - die Beteiligten sollen ja anschließend im beruflichen Alltag gut bzw. noch besser zusammenarbeiten können. Deshalb braucht das Biografische Teamcoaching professionelle Steuerung und Begleitung, die auf die Einhaltung der notwendigen Grenzen achtet, ohne Prozesse der Verständigung einzuengen.

In den Workshops geht es also darum, dass ausgewählte Aspekte der persönlichen Biografie mit der individuellen und ganz eigenen Art und Weise des Denkens, Handelns und Sprechens in Bezug gesetzt und als prägend verstanden werden können. Die Kommunikation ist dabei eine Brücke zu sich selbst und zwischen Individuum und Gruppe.

Beim Biografischen Teamcoaching geht es also darum,

- im Rückblick einen „roten Faden" in der eigenen Biografie zu entdecken und damit die Zusammenhänge im eigenen Leben zu erkennen;
- das Verstehen darüber zu fördern, warum in der Gegenwart ein bestimmter Punkt (privat und beruflich) erreicht wurde;
- im Rückblick den Sinn bestimmter Handlungsweisen, auch von „Fehlern" und von Erfahrungen des Scheiterns zu erkennen;
- die anderen Teammitglieder in ihren Eigenheiten und biografischen Prägungen besser verstehen und Wert schätzen zu können.

*„Bislang war in unserer Kultur der Ablauf einer Biografie relativ einheitlich vorgeschrieben, Soziologen sprechen vom „Lebenslauf-Regime" und der Normalbiografie (...). Doch diese Vorgaben haben an Verbindlichkeit verloren bzw. es bestehen unterschiedlichste Lebens-Modelle nebeneinander." (Klingenberger 2003, S. 11)*

Die Wertschätzung dieser verschiedenen Lebensmodelle, ihre gleichberechtigte Wahrnehmung und die Beachtung der verschiedenen kulturellen

Hintergründe im Team, vor allem in Bezug auf verschiedene Sprachen und kulturelle Werte, sind zentrale Anliegen des Biografischen Teamcoachings. Deshalb sind die Inhalte der Workshops stark geprägt von thematischen Einheiten, bei denen Kommunikation auf der Basis von Gestik, Mimik, Intonation und der kontextuellen Verwendung von Sprache betrachtet wird. In diesem Verständnis ist die theoretische und praktische Herangehensweise im Rahmen des Biografischen Teamcoachings deshalb eng mit dialogischen Fähigkeiten verwoben.

## 2.3    Ressourcenorientiertes Denken und Handeln

Als Quantenphysiker und Philosoph hat sich David Bohm (2008) unter anderem intensiv mit dialogischen Kompetenzen sowie den Grundlagen zur kommunikativen Verständigung von Menschen beschäftigt. Sowohl für eine gelungene sprachliche Verständigung, als auch für die Unterstützung und Begleitung von positiver Kommunikation, werden deshalb im Biografischen Teamcoaching bewusst Bezüge zum so genannten „Bohm´schen Dialog" hergestellt. Die „Dialogischen Kernkompetenzen nach Bohm"(Bohm 2008) sind also eine tragende fachliche Säule für das Biografische Teamcoaching.

Der Dialog nach David Bohm ist eine frei fließende Form der Gruppen-Konversation, die versucht, Gedanken zur universellen Realität in Beziehung zu setzen zu den Krisen der Gesellschaft und darüber hinaus die Gesamtheit der menschlichen Natur und des Bewusstseins effektiver zu untersuchen. Alle drei Module des Biografischen Teamcoachings basieren auf der dialogischen Haltung, sowie den damit verbundenen Kernkompetenzen, wie sie von Bohm benannt und verwendet worden sind. Durch diese Elemente wird auf eine einfache Art und Weise verständlich, weshalb und wodurch Menschen auf ihre ganz spezifische Weise reagieren und agieren. Das aktive Anwenden von Beobachtung anstelle von individueller Bewertung, ist eine der direkt umsetzbaren Methoden für ein flexibleres Handeln. Der Dialog im Team verändert die Arbeitssituation durch eine Intensivierung des Austausches relevanter Information und die Entwicklung von Autonomie und Verantwortlichkeit (vgl. auch Hartkemeyer u.a. 2010).

Als wesentliche dialogische Fähigkeiten hat Bohm (2008) benannt:
- individuelle Wahrnehmung,
- aktives und passives Zuhören,
- Art und Weise des Sprechens.

Das Training der damit verbundenen Kompetenzen wurde für die drei Module des Biografischen Teamcoachings in den Mittelpunkt gestellt - sowohl durch einen theoretischen Input, als auch durch praktische Übungen.

## 2.4   Der Assoziative Dialog

Der Assoziative Dialog nach Petra Endres (2014) ist eine flexible Dialogmethode, die speziell für Pflegekräfte und Begleitpersonen im Umgang mit demenziell veränderten Menschen entwickelt worden ist. Seine Herangehensweise basiert auf der dialogischen Haltung nach Bohm, die geprägt ist von gemeinsamem Denken, dem flexiblen Umgang mit Assoziationen und der individuellen Wortbiografie des Einzelnen.

Die Methode nutzt die Fähigkeit des Menschen zur Assoziation als Brücke zwischen dem vergessenden und dem erinnernden Menschen. Die Interaktionsmöglichkeiten sind flexibel, da die Basis des Dialogs auf der Assoziationsfähigkeit der am Dialog beteiligten Menschen beruht. Der Dialoganwender entscheidet, ob sich der Dialog aus einem Wort oder einer Emotion entwickelt, um damit in der sich selbst entsprechenden Form reagieren und auf sein Gegenüber eingehen zu können. Menschen mit Demenz können durch diese Methode Worte für ihr Erleben finden. Die Sprachlosigkeit ist so weniger schnell voranschreitend. Der Assoziative Dialog ermöglicht es, dem sich veränderten Menschen in seinem Hier und Jetzt verbal zu begegnen.

In einem Gespräch wird ein „Ankerwort" ausgewählt. Im folgenden Gespräch ist es nun dieser Begriff, der das Zentrum der Unterhaltung bildet. Der Dialoganwender kann ein eigenes Ankerwort zum Einstieg in das Gespräch wählen und nutzen. Er wählt es assoziativ anhand seiner Wahrnehmung. Er kann aber auch ein Wort oder eine Emotion seines Gegenübers aufgreifen und dieses Wort als Ankerwort für das Gespräch verwenden. Dieses eine Wort stellt für Anwender(innen) im Dialog den Anker dar, zu dem kann jederzeit zurückgekehrt werden. Der Assoziative Dialog entfaltet sich also in folgenden 3 Schritten:

- Reduzieren: Einstieg durch die Reduktion auf ein Ankerwort
- Anbieten: Assoziative Fragen bzw. Aussagen erlauben offene Antworten
- Annehmen: Aufgreifen der Impulse und Integration in das weitere Sprachangebot

Die grundlegende Herangehensweise sowie methodische Teilaspekte des Assoziativen Dialogs werden für das Biografische Teamcoaching aufgegriffen und genutzt - angepasst an die Voraussetzungen und Bedürfnisse der veränderten Zielgruppe.

## 2.5 Methoden des systemischen Einzel- und Gruppencoachings

Der systemische Ansatz des Einzel- und Gruppencoachings bezieht für die Betrachtung einer Situation immer die Perspektiven aller am Setting beteiligten Personen mit ein und enthält die grundlegende Annahme, dass sich hinter jedem Handeln eine positive Absicht verbirgt (Greif 2008). Ein spezielles Fallcoaching unterstützt den produktiven Verlauf sowie den alltagspraktischen Bezug und die Überprüfung und Umsetzung der erlernten Herangehensweisen. Für die Teams werden gemeinsam neue Handlungsvarianten im Umgang mit bislang unlösbaren Situationen und als problematisch erlebten Verhaltensweisen im Arbeitsalltag erarbeitet. Durch die Arbeit an einer Alltagssituation im Sinne eines Fallcoachings, ergeben sich dadurch neue Perspektiven für ein positives Miteinander im Team. Zusätzlich wird mit dem erlernten „kommunikativen Handwerkszeug" an exemplarischen Fällen gearbeitet, die teilweise von den Seminarleiter-(innen) vorgegeben werden, aber auch aus der Gruppe der Teilnehmer-(innen) kommen können. Es geht dabei um Situationen und Handlungsweisen, die betrachtet werden, um in einem zweiten Schritt kreative Wege zum Umgang damit zu entwickeln.

Das Biografische Teamcoachings orientiert sich inhaltlich am systemischen Coaching und nutzt seine vielfältigen Möglichkeiten. In der Kombination mit den Ansätzen und Methoden des Biografischen Arbeitens und Lernens ergeben sich neue Synergieeffekte und Möglichkeiten, die bei der Entwicklung des Programms für das Biografische Teamcoaching vielfältig genutzt wurden.

# 3    Lernziele und Modulaufbau des Biografischen Teamcoachings

Das „Biografische Teamcoaching" wurde also vor allem abgeleitet aus den Ergebnissen der berufsbiografischen Interviews, aber auch unter Bezugnahme auf die in Kapitel 3 dargestellten theoretischen Konzepte, im Sinne einer fachlichen Fundierung, entwickelt. Es versteht sich als Intervention und zur Unterstützung einer altersgerechten Beschäftigung im Sinne eines gelingenden Demografiemanagements für Mitarbeiter(innen) im Sozial- und Gesundheitsbereich. In diesem Bereich wurde es bisher erprobt und evaluiert. Seine Übertragbarkeit auf andere Arbeitsfelder und Bereiche ist aber vorstellbar.

Die drei aufeinander aufbauenden Module wurden so konzipiert, dass theoretischer Input, Einzel- und Gruppenübungen, gemeinsamer Austausch sowie exemplarische Fallcoachings im Wechsel durchgeführt werden.

Konzipiert für insgesamt drei Tage mit jeweils 5 Stunden, gliedert sich das Biografische Teamcoaching thematisch in drei Module, die inhaltlich auf einander aufbauen:

- Modul 1: **Dialog und Biografie**
  Wie formt unsere Biografie unseren persönlichen Dialog?
- Modul 2: **Biografiearbeit**
  Wie beeinflussen persönliche Erfahrungen und Erlebnisse unsere Wahrnehmung?
- Modul 3: **Gelingende Zusammenarbeit im Team**
  Was sind wichtige Basics der Biografie- und Dialogarbeit?

Als handlungsleitend gelten für die Fortbildungsreihe folgende Aspekte und Orientierungen:

- Stärkung und Verbesserung des „Teamklimas"
- Aufdecken der Reibungspunkte im Alltag
- Ermöglichung einer gesunden und gelungenen Kommunikation
- Sensibilisierung für die biografischen Hintergründe der Teammitglieder

Ergänzt werden können diese Basisorientierungen durch weitere Themen, die in vorbereitenden Gesprächen mit der Leitung zur Sprache kommen oder die von den Teammitgliedern in den Prozess eingebracht werden. Im Projektzeitraum waren das auch ganz offenkundige Themen, die sich in der Auswertung der Interviews in den jeweiligen Einrichtungen zeigten.

## Modul 1: Dialog und Biografie
Wie formt unsere Biografie unseren Dialog?

Im Modul 1 stehen folgende Fragen im Mittelpunkt, die das Programm bestimmen und prägen. Es gibt dazu einen theoretischen Input und praktische Übungen.

**Leitfragen**
- Welchen Regeln und Gesetzmäßigkeiten folgt die eigene Wahrnehmung? Was haben die eigenen (biografischen) Erfahrungen damit zu tun?
- Welche Möglichkeiten gibt es, die eigenen Denkmuster und Handlungsweisen zu überprüfen und zu verändern?
- Welche Rolle spielen dabei Informationen, die ich über mein ganz spezifisches „Sehen" gespiegelt bekomme?
- Welche Rolle spielen dabei Informationen, die ich über mein ganz spezifisches „Hören" erhalte?
- Aus diesen Informationen entstehen Annahmen über die „Realität" und es bilden sich Wahrnehmungsmuster heraus. Welche Möglichkeiten gibt es, diese eigenen Muster in Wahrnehmung und Kommunikation aufzubrechen und zu verändern?

### Aufbau, Inhalte und Materialien

Zu Beginn des ersten Moduls bekommen alle Teilnehmer(innen) ein „Arbeitsbuch" (Din A4, blanko), in dem Übungen, eigene Gedanken etc. festgehalten werden können und das zugleich eine Erinnerungsstütze sein kann.

### Block 1: Wahrnehmung

- Wie funktioniert unsere Wahrnehmung? Wie prägen unsere Erfahrungen, Erkenntnisse und Erlebnisse unsere Wahrnehmung der „Wirklichkeit"?

- Was (und wie) sehen wir? Was hören wir? Welche Annahmen entstehen auf dieser Grundlage?

Es werden Beispiele von Bildern gezeigt, die uns zwei unterschiedliche Dinge zeigen. Je nachdem „wie wir schauen", erkennen wir entweder die eine oder die andere Darstellung.
Fragen können wir danach:
- Was können wir sehen?
- Worauf ist unser Fokus ausgerichtet?
- Wie ist, wie funktioniert unsere Wahrnehmung? Wie ist unsere „persönliche" Fokuseinstellung: Wie denken wir?

Unser Denken formt unsere Werte (und umgekehrt) und unsere Wahrnehmung unserer Wirklichkeit. Das bedeutet: Wir sehen und lesen das, was wir erwarten.
- Wir können uns fragen, welche Erwartungen wir haben? Und welche Konsequenz dies in unserem Arbeitsalltag hat?

*Übung 1:*
Frage an die Teilnehmer(innen): Haben sie Beispiele aus Ihrem Alltag?
- Strecken die wir täglich gehen oder fahren, wir verlieren uns in unseren Gedanken und können uns ab und an nicht an Details des Weges erinnern.
- Wie ist das mit Menschen? Wann sind wir überrascht?
Welche Möglichkeiten gibt es damit umzugehen? Wir können versuchen neue Wahrnehmungswege zu finden.
- Ausschlaggebend sind die eigenen Erwartungen.
- Dafür müssen wir lernen bewusster wahrzunehmen. Unsere Denkwege und Gewohnheiten erkennen. Und dann neue Möglichkeiten denken.

### Block 2: Bewertungen und Beobachtungen

Sie sorgen für unsere individuellen Annahmen, die unser Denken, Handeln und unser Sprechen formen. Damit sie uns leiten und uns unterstützen, uns aber nicht im Wege stehen, müssen wir sie uns und teilweise unseren Gesprächspartnern bewusst machen. Bewertungen sind mit der eigenen Einstellung und dem eigenen Gefühl verbunden. Wir können damit offensiv umgehen, unsere Bewertungen äußern und sie den anderen mitteilen.

Geschieht dies, kann sich die Situation und unsere Herangehensweise entspannen und (gegebenenfalls) verändern.

*Übung 2: „Positives Reden über einander"*
In 2-er bzw. 3-er Gruppen wird jeweils über eine der Personen gesprochen. Dabei wird nur Positives ausgesprochen (drei Minuten). Danach gibt die Person, über die gesprochen wurde etwa eine Minute Feedback (was stimmt/ stimmt nicht etc.).

Auswertung und Reflexion gemeinsam im Anschluss: Wie ist es Ihnen ergangen was haben sie erlebt:
- in der Rolle der Hörenden,
- in der Rolle der Sprechenden?

*Block 3: Annahmen*

Unsere Annahmen kreieren unsere Wirklichkeit:
Was beobachte ich?
Was ist meine stillschweigende Voreinstellung?
Wie interpretiere ich das was ich erlebe?
Unser Erleben ist geprägt durch Erfahrungen. Durch diese Verstehens-Muster interpretieren wir unsere Wahrnehmung:
- Unsere Annahmen sind individuell und durch subjektive Erfahrungen geprägt!

Auf der Basis der Informationen und eigenen Annahmen, die uns unsere Wahrnehmung, geprägt von der eigenen Biografie, einer Situation, eines Bildes etc. liefert, funktioniert bei jedem Menschen die „Leiter der Schlussfolgerungen". Unsere eigenen Schlüsse ziehen wir, in dem wir folgende Schritte durchlaufen:

---

**Leiter der Schlussfolgerungen**

- Wahrnehmung von Fakten, Auswahl von Daten
- Interpretation
- Hinzufügen von Bedeutungen
- Schlussfolgerungen
- Handeln

---

## Block 4: *Gegenseitiges Verstehen*

Was braucht es, damit wir uns verstehen?

- Wahrnehmung schulen und (zusätzliche) Informationen über die eigenen Sinne wahrnehmen und sammeln.
- Zuhören und unsere eigenen Gedanken, Bewertungen und Annahmen ruhen lassen.
- Respektvolle Haltung, indem wir beim Zuhören auf Kritik und Bewertung verzichten.

## Block 5: *Einführung des Assoziativen Dialogs*

Die einzelnen Schritte des Assoziativen Dialogs (vgl. 3.4) werden erklärt und besprochen. Eine Verknüpfung dazu: was unsere Wahrnehmung mit unseren Annahmen über die Menschen und mit unserer Art und Weise zu tun hat, dies im Dialog umzusetzen. Folgendes Beispiel wird gemeinsam besprochen und diskutiert.

---

**Fallbeispiel zum kreativen Umgang mit demenziell veränderten Menschen**

Das Beispiel eines assoziativ geführten Dialogs mit einem Mann, der nach Hause möchte und mit seinem Rollator wiederholt gegen die Eingangstür fährt. Als Ankerwort wählte der Anwender aus dem Satz des Mannes das Wort Gefängnis.

"Hier ist es wie in einem Gefängnis, ich komme nirgends raus!"

Das Leben im Gefängnis ist Ihnen vertraut?

„Ja!"

Ein Gefängnis mit Gittern?

"Ja, in Russland!"

Russland ... Ist es hier anders als in Russland?

"Ja natürlich!"

Anders als damals?

"Ja,...damals, damals waren meine Freunde dabei und ... und heute ...

heute bin ich hier alleine."

Das macht es schwieriger?

"Ja."

Schweigend gehen die beiden über den Flur.

Der demenziell veränderte Mann ist für den Moment angekommen.

Durch die Fähigkeit, den sich verändernden Menschen individuell assoziativ zu unterstützten, erleben Anwender des assoziativen Dialogs bei ihrer Arbeit Zufriedenheit und Bestätigung.

---

- Welche Möglichkeiten gibt es für eine ähnliche Umsetzung im Arbeitsalltag?
- Beispiele sammeln und besprechen.

***Übung für die Zeit zwischen dem ersten und zweiten Modul:***

*Wahrnehmen was Sie wahrnehmen*

Nehmen Sie sich innerhalb der nächsten *sieben Tage* ganz bewusst jeden Tag *zehn Minuten* Zeit, in denen Sie sich achtsam mit Ihrer Umgebung beschäftigen. Versuchen Sie in diesen täglichen zehn Minuten jeweils mit all Ihren Sinnen wahrzunehmen, was um Sie herum geschieht.

Führen Sie diese Übung an unterschiedlichen Orten und zu unterschiedlichen Zeiten durch und sammeln Sie auf diese Weise ein Spektrum an Eindrücken. Sie können diese zehn Minuten beispielsweise in einem Café, in der Straßenbahn oder auf einer Parkbank sitzend verbringen.

Achten Sie auf *Geräusche und Gerüche und darauf, was Sie hören und sehen* – beobachten Sie alles um sich herum. Wichtig ist, dass Sie sich ganz bewusst Ihren Gedanken und Wahrnehmungen zuwenden und diese notieren.

Bitte benutzen Sie dafür das Schreibbuch, dass Sie von uns bekommen haben (Sie werden es auch für andere Übungen während der Seminare verwenden!), nehmen Sie einen Stift mit und schreiben Sie alles auf, was Ihnen in den Sinn kommt. Nehmen Sie wahr, was um Sie herum vor sich geht und was Sie dazu empfinden und denken – und bitte schreiben Sie erst im Anschluss an diese zehn Minuten auf, was Sie erlebt haben.

Führen Sie diese 10-Minuten-Übung mit dem anschließenden Aufschreiben an sieben auf einander folgenden Tagen durch! Verzichten Sie bitte darauf das Geschriebene am Ende des Tages oder am folgenden Tag zu lesen, zu zensieren oder zu korrigieren. Schreiben Sie jeden Tag auf – am besten einfach auf eine neue Seite in Ihrem Buch! – und *lesen Sie erst am Ende dieser Woche, was Sie geschrieben haben!*

Am Ende dieser Woche lesen Sie bitte alle Ihre Gedanken und Notizen und schreiben einen kleinen Text darüber, welche Gedanken und Gefühle diese Zeilen in Ihnen auslösen! Dieser Text sollte etwa ½ Seite bis 1 Seite füllen.

Wir wünschen Ihnen viel Freude bei dieser Übung – auch wenn Sie Ihnen möglicherweise etwas ungewohnt oder ungewöhnlich erscheinen mag.

## Modul 2: Biografiearbeit
Wie beeinflussen persönliche Erfahrungen und Erlebnisse unsere Wahrnehmung?

### Leitfragen

- Wie prägen Erfahrungen und Erlebnisse unsere Wahrnehmung?
- Wie zeigt sich dies in der Verwendung der eigenen Sprache?
- Welche Zusammenhänge gibt es zwischen Wahrnehmung, Denken, Sprechen, Verstehen und Handeln?
- Fokus: Sprache – Wie wird Sprache eingesetzt und verwendet?
- Kulturelle Prägungen: Wie und in welchen Situation zeigt sich die unterschiedliche Bedeutung von Sprache – unterschiedliche Bedeutung von Worten - unterschiedliche Verwendung von Sprache im „Muttersprachlichen Kontext"?
- Welche Verbindung gibt es zwischen Worten und der persönlichen Biografie? – Das gleiche Wort kann unterschiedliche Bedeutungen haben.
- Wie ist vor dem Hintergrund dieses Wissens ein achtsamer Umgang mit Sprache besser möglich?

Zu Beginn des zweiten Moduls wird der Text der Wahrnehmungsübung besprochen und die Erfahrungen der Seminarteilnehmer(innen) werden gemeinsam reflektiert und mit den Inhalten des ersten Moduls in Verbindung gebracht.

### Aufbau, Inhalte und Materialien

### Block 1: Verständigung geht über Sprache

Worte haben bei verschiedenen Menschen unterschiedliche Prägungen und Bedeutung. Die Bedeutung der Worte entsteht auf dem Hintergrund unserer Geschichte und unserer individuellen Erfahrungen. Dadurch können unterschiedliche Personen das Gleiche „sagen", „meinen" manchmal aber etwas anderes bzw. haben dazu (teilweise sehr) unterschiedliche eigene Gedanken und Assoziationen.

Außerdem gibt es in jeder Kultur und Sprachgemeinschaft gemeinsame Konventionen, auf deren Grundlage kommuniziert wird und die sich teilweise stark unterscheiden, z.b. Blickkontakt beim Sprechen oder Vermeiden des Blickkontakts. Frage in die Gruppe nach Erfahrungen dazu.

*Übung 1: Beispiele der Teilnehmer(innen) dazu werden gesammelt und gemeinsam besprochen.*

## Block 2: Sprache und Kommunikation

Innerhalb einer Sprachgemeinschaft (einer Kultur) hat in der Regel ein Wort eine bestimmte Bedeutung. Dies ist die Grundlage für die Möglichkeit, unser Verstehen und die Verständigung innerhalb einer Sprache zu gewährleisten. Und: Worte bekommen durch unsere individuellen Erfahrungen eine (teilweise zusätzlich, teilweise andere) Bedeutung.

Worte können demnach auch unterschiedliche Bedeutungen haben:
- die allgemein gültige Bedeutung
- die individuelle Bedeutung

## Block 3: Kulturelle Prägungen und Unterschiede

Kurze Einführung zu folgenden Fragen:
- Wie können Missverständnisse in Bezug auf Sprache entstehen?
- Welche grundsätzlichen Werte und Regeln der Kommunikation liegen unserer Gesellschaft zugrunde?
- Was kann uns helfen einander zu verstehen, wenn wir nicht die „gleiche Sprache sprechen"?

## Block 4: „Biografie-Worte"

Es gibt einen kurzen Input zum Konzept „Biografie" und dazu, wie die eigenen Lebensphasen die eigene Wahrnehmung, aber auch die persönliche Bedeutung und die Verwendung von Sprache prägen.

*Übung 2: Anhand der folgenden Liste sammeln alle Teilnehmer(innen) für sie bedeutungsvolle und prägende Worte aus einzelnen Lebensphasen. Für diese Übung ist es wichtig, dass die Teilnehmer(innen) den Seminarraum verlassen und ungestört ihre Worte aufschreiben können.*

| Biografieworte | |
|---|---|
| Frühe Kindheit 0 - 4 Jahre | |
| Schulübergang frühe Schulzeit 5 - 8 Jahre | |
| Mittleres Schulalter 9 - 12 Jahre | |
| Pubertät 13 – 17 Jahre | |
| Jugend 18 - 22 Jahre | |
| Frühes Erwachsenenalter 23 - 30 Jahre | |
| Mittleres Erwachsenen -alter 31- 50 Jahre | |
| Spätes Erwachsenenalter 51 Jahre und älter | |

Gemeinsam im Seminar nennt jede/r ein Wort. Aus dieser Sammlung sucht sich das Seminar gemeinsam ein Wort aus, zu dem jede/r ein eigenes Gedicht verfasst. Alle schreiben ein sogenanntes „Elfchen".

*Anleitung „Elfchen", ein* Gedicht mit elf Wörtern:
1. Zeile: ein Wort     = eine Farbe
2. Zeile: zwei Wörter   = Gegenstand und beschreibendes Adjektiv
3. Zeile: drei Wörter   = Bestimmung des Gegenstandes mit 3 Wörtern
4. Zeile: vier Wörter   = ein Satz, der mit ich beginnt
5. Zeile: ein Wort     = Abschluss

**Beispiel:**
- *Gelb*
- *treue Plastikente*
- *ins Wasser geworfen*
- *ich blicke ihr nach*
- *verschwunden*

**Auflösung:** Worte haben unterschiedliche Bedeutung und sind manchmal ganz stark biografisch geprägt. Dieses Wissen und das Erleben dessen ist für ein gegenseitiges Verstehen sehr hilfreich.

*Block 5: Was hilft dabei in einem Gespräch zu verstehen und verstanden zu werden?*

Folgende Liste zur „handfesten Hilfe und Umsetzung im Alltag" wurde auf Wunsch von Seminarteilnehmer(inne)n am Ende des zweiten Moduls gemeinsam erarbeitet. Dies dient als Beispiel und variiert möglicherweise von Gruppe zu Gruppe.

---

**Was hilft dabei in einem Gespräch zu verstehen und verstanden zu werden?**
- Auf die Körpersprache und die Mimik des Gesprächspartners achten - dadurch bekommen wir viele Informationen.
- Die eigenen Absichten klären. Was möchte ich mitteilen, was meine ich eigentlich?
- Sich gegenseitig mitteilen, was wir im Moment, in der Gesprächssituation wahrnehmen.
- Sich einander zuwenden - Offenheit und Interesse erleichtern ein Verstehen.
- Redner/in und Zuhörer/in sein sind zwei unterschiedliche Rollen. Meistens fühlt sich jede/r in einer der Rollen wohler. Und: beide Rollen können „geübt" werden.
- Sich gegenseitig Aufmerksamkeit und Raum zu geben ist sehr hilfreich.
- Jede/r denkt und redet in seinem bzw. ihrem eigenen Tempo. Sich darin zu respektieren und sich „zu lassen" ist dafür sehr unterstützend.
- Im Gespräch die eigenen Bedürfnisse und Interessen offen legen, z. B. „Ich brauche jetzt gerade mehr Zeit!".
- Sich gegenseitig die eigenen Annahmen mitzuteilen kann Missverständnisse verhindern oder aufdecken.

---

Diese Liste wurde in der Zeit zwischen dem zweiten und dritten Modul per Post oder Email an die Teilnehmer(innen) versendet.

## Modul 3: Gelingende Zusammenarbeit im Team – auf der Grundlage von Biografie- und Dialogarbeit.

### Inhaltliches Vorgehen

- Alle bisher erlernten Aspekte werden wiederholt und in Verbindung gebracht.
- Alle dialogischen Kernkompetenzen werden gesammelt und besprochen.
- Anhand eines Fallcoachings werden bestimmte Situationen gemeinsam betrachtet und Lösungen erarbeitet.
- Das Üben an konkreten Alltagssituationen ermöglicht die Anwendung des erworbenen Wissens - auch für scheinbar ausweglose Situationen können Lösungen gefunden werden.

*Aufbau, Inhalte und Materialien*

*Block 1: Arbeit mit den Dialogischen Kernkompetenzen*

Am Ende des dritten Workshop-Tages wird gemeinsam mit den Teilnehmer(inne)n eine Liste mit den insgesamt erarbeiteten dialogischen Kernkompetenzen zusammengestellt, die sie im Anschluss schriftlich erhalten. Darauf werden „handfeste" und umsetzbare Möglichkeiten (zur Erinnerung) für eine leichtere Gestaltung von Kommunikationssituationen festgehalten.

**Zuhören:** *Worte haben eine individuelle Bedeutung - geprägt von unseren Erfahrungen und unserer Biografie.*
- Der eigene Film / die eigene Geschichte läuft ab; „Kopfkino"
- Jede/r hört nur was sie bzw. er kennt
- Bewertungen erfolgen sofort, auf der Basis der eigenen Geschichte, der eigenen Erfahrungen
- Es ist möglich zu Hören - ohne dabei schon nach Antworten zu suchen. Generatives Zuhören!
- Dem Zuhörer Raum geben seine Gedanken auszubreiten
- Aus dem „Stress" heraustreten
- Uns immer wieder klar machen, *wie* wir sprechen
- Die Formulierung „Ja, aber..." ersetzen durch: „Ja, und..."

- „Aber" ist ein Verteidigungswort! Mögliche Alternativen sind: „Ich sehe das anders..." oder „Und ich finde..."

**Suspendieren der eigenen Annahmen:** *Sich selbst bewusst machen wie ich bin, was ich denke und was ich sage.*
- Die eigenen Gedanken während des Gesprächs „anhalten"
- Innerlich „still" werden
- Bewusst zuhören
- Den Moment wahrnehmen
- Z.B. die Situation und die Menschen um uns herum bewusst wahrnehmen
- Sich selbst erlauben sich zurück zu halten und nicht sofort zu reagieren
- „Da sein" bewusst und im Augenblick
- Sich selbst erlauben, dass es auch anders sein könnte (als ich denke)

**Beobachtung und Bewertung**
- Die eigenen Bewertungen offen legen und benennen
- Sich die eigenen Bewertungen bewusst machen
- Wie weit kann ich gehen und wo sind meine eigenen Grenzen?!
- Die eigenen „Fenster" aufmachen
- Sich selbst und dem anderen Raum geben und Bewertung zurückhalten
- Wenn mir eine Person mit großer Neutralität gegenübersteht, kann ich fragen: „Wo ist deine Position? Ich würde mir wünschen deine Meinung zu hören."

**Von Herzen sprechen:** *Das eigene Gefühl und die eigene Wahrnehmung aufdecken*
- Die eigene Überzeugung klar kenntlich machen
- Aussprechen, was mir wichtig ist
- Mir darüber klar sein, was ich eigentlich sagen möchte
- In Ich-Botschaften sprechen
- Mögliche Formulierungen können sein:
  - „Ich empfinde..."
  - „Ich meine..."
  - „Ich denke..."
  - „Ich glaube..."
  - „Für mich ist es..." (Diese Formulierung kann mich selbst etwas bremsen)
  - „Ich merke das ist für dich..."

**Respekt:** *Ich habe mir und dem Anderen gegenüber Respekt*
- Auf Abwehr und Kritik dem gegenüber, was der Andere sagt, verzichten
- Die Andersartigkeit des Denkens und Sprechens meines Gesprächspartners anerkennen
- Gleichwertigkeit!
- Innehalten, ohne Wertung und Kritik
- Andere Perspektiven annehmen und anerkennen
- Eventuell die Perspektive wechseln
- Ich kann meine eigene Haltung überprüfen

**Lernen wollen statt schon wissen**
Offen sein für neue Erfahrungen, Meinungen und Erlebnisse
„Ja-sagen" zu dem was wir hören, im Sinne von respektvoll annehmen was ich höre, ohne zu bewerten

## *Block 2: Fallcoaching*

---

**Ziele des Fallcoachings**

- Ausarbeiten von neuen Handlungsmöglichkeiten im Umgang mit
- schwierigen Situationen im Arbeitsalltag mit Patient(inn)en bzw. Klient(inn)en oder innerhalb eines Teams
- Suchen nach Innovativen Lösungen im Umgang mit Patient(inn)en bzw. Klient(inn)en oder innerhalb des Teams
- Erarbeiten gemeinsamer Handlungsfelder und Handlungsmöglichkeiten
- Fallcoaching als Teamtraining: Zuhören, Respekt gegenüber der Meinung anderer zeigen; Achtsamkeitsübung: Wie hören wir einander zu und wie schnell reagieren wir auf das was wir hören?

---

## *Übung 1: Gemeinsames Fallcoaching*

Schritt 1: Teilnehmer(innen) schildern die Situation - dies wird am Flipchart in Stichworten notiert
Schritt 2: Austausch: Wie reagiert der bzw. die Mitarbeiter(in) auf dieses Verhalten, welche Wirkung hat dies auf den Patient(in) bzw. Klient(in)? Wie reagieren andere Mitarbeiter(innen) auf dieses Verhalten. Welche Wirkung hat dies auf den Patient(in) bzw.

Klient(in)? - Sammeln der unterschiedlichen Herangehensweisen, einzelner Teilnehmer(innen) oder der ein und derselben Person.

*Erarbeiten der möglichen Motivation der Beteiligten: Mitarbeiter(in) und Patient(in) bzw. Klient(in).*

Schritt 3: Benennen der verschiedenen Optionen, die die beschriebenen Personen im Umgang mit der Situation haben.

Schritt 4: Freies Assoziieren: Alle können ihre Ideen beschreiben.

*Die Aussagen und Ideen werden erst einmal unsortiert auf dem Flipchart gesammelt.*

Schritt 5: Neue Handlungsansätze werden in einem Dialog, der mit einem Redestein strukturiert wird, gemeinsam von den Teilnehmer(innen) formuliert.

*Die unterschiedlichen Möglichkeiten werden notiert.*

Schritt 6: Besprechen der weiteren Vorgehensweise im jeweiligen Team!

Auf der Basis dieser sechs Schritte wird gemeinsam im Seminar eine Situation aus dem (gemeinsamen) Arbeitsalltag betrachtet. Als hilfreich hat sich ebenfalls ein strukturiertes Vorgehen mit Hilfe eines Arbeitsblattes erwiesen. Verschiedene Perspektiven, besonders von Mitarbeiter(innen) eines gemeinsamen Teams, können dadurch aufgedeckt und nebeneinander betrachtet werden.

## Struktur für ein Fallcoaching

| **1. Patient(in) / Klient(in): Verhalten, Aussagen und Situation:** |
| --- |
| |

| **2. Verhalten Patient(in) / Klient(in):** | **Reaktion Mitarbeiter(in):** |
| --- | --- |
| _____Essenz - Motivation_____ | _____Essenz - Motivation_____ |

| **3. Gemeinsamer und individueller Nenner:** |
| --- |
| |

| **4. Freie Assoziationen** als Ideensammlung zum gemeinsamen oder individuellen Nenner: |
| --- |
| |

| **5. Lösungsmöglichkeiten** für neue Handlungsansätze: |
| --- |
| |

## 4 Erfahrungen und Ergebnisse der Erprobungsphase im Rahmen des Projekts InnoGESO

Die Module der Intervention „Biografisches Teamcoaching" wurden exemplarisch, während der Laufzeit des Projekts InnoGESO, in vier verschiedenen Einrichtungen des gleichen Trägers erprobt und evaluiert. Nach der Erarbeitung des Konzepts, wurde zunächst eine Präsentation für die Hausleitungen durchgeführt, um Klarheit und Transparenz hinsichtlich der inhaltlichen und praktischen Umsetzung zu ermöglichen. Vor Beginn der eigentlichen Seminare für die Mitarbeiter(innen) fand zusätzlich ein einführender Seminartag für die mittlere Leitungsebene, inklusive der jeweiligen Stellvertretungen, statt. Dabei konnten die wesentlichen Inhalte und die Herangehensweise vermittelt werden, um die Führungspersonen in die Lage zu versetzen, anschließend besser zu verstehen, womit die Mitarbeiter(innen) sich in den Workshops auseinandersetzen und sie bei der praktischen Umsetzung des Erlernten im Arbeitsalltag unterstützen zu können. Es ging also von Anfang an darum, den Ansatz des Biografischen Teamcoachings innerhalb einer Einrichtung nachhaltig zu verankern.

In einem zweiten Schritt wurde in jeder Einrichtung eine Gruppe von Mitarbeiter(innen) mit jeweils 4-6 Personen zusammengestellt, die in unterschiedlichen Teams arbeiten. Die Teilnehmer(innen) sollten nach Abschluss der Kurse dazu befähigt sein, ihr Wissen in den Arbeitsalltag ihrer Teamzusammenhänge zu tragen – unterstützt durch die entsprechenden Leitungen innerhalb ihrer Häuser.

Begleitend wurde ein mehrstufiges, multimethodales Evaluationsverfahren verwendet, das auf dem Einsatz von qualitativen und quantitativen Methoden basiert (Kuckartz u.a. 2007). Dabei wurden zu Beginn jedes Seminartages die Erwartungen der Teilnehmer(innen) schriftlich und mündlich abgefragt. Am Ende von jedem der drei Seminartage wurden Ablauf und Erfahrungen, im Abgleich mit den zu Beginn geäußerten Erwartungen, mündlich mit den Teilnehmer(innen) innerhalb der Gruppe besprochen. Zusätzlich wurde jeweils ein dreiseitiger schriftlicher Evaluationsbogen ausgefüllt, mit dem die Form der Durchführung, die fachlichen Inhalte des Workshops sowie die Kompetenzen der Seminarleiterinnen bewertet werden konnten. Dieses Vorgehen ermöglichte einen Vorher-Nachher-Vergleich, bezogen auf die Konzeption und Herangehensweise und zur Einschätzung der persönlichen und fachlichen Entwicklung der

Teilnehmer(innen). Ergebnisse der Evaluation flossen in einem weiteren Schritt in die nun vorliegende Endversion des Konzepts ein.

In der Auswertung zeigt die Evaluation des Biografischen Teamcoachings eine hohe Wirksamkeit sowie die Bestätigung einer klaren und praktisch gut umsetzbaren Herangehensweise. Die Teilnehmer(innen) beschreiben deutlich ihre Begeisterung für die erlernten Methoden und die eigene Einschätzung darüber, dass sie im Arbeitsalltag hilfreich, unterstützend und wirksam sind.

*„Das Biografische Teamcoaching hat mir wahnsinnig viel Spaß gemacht! Die Methoden waren für mich teilweise ganz neu und haben mich begeistert. Durch die Seminarleiterinnen habe ich gemerkt, was sich alles verändern kann, wenn ich z. B. mal anders zuhöre und mal nachfrage was eigentlich gemeint war. Und ich hab´ gelernt auch mal anders auf meine Kolleg(inn)en zu reagieren – und auf einmal waren die auch ganz anders zu mir!" (Rückmeldung einer Teilnehmerin des Biografischen Teamcoachings)*

# 5 Literatur

Bohm, David (2008). *Der Dialog. Das offene Gespräch am Ende der Diskussion.* Stuttgart: Klett-Cotta. 5. Auflage.

Endres, Petra (2014). Brücken bauen. *Zeitschrift Altenpflege,* (3), 70-73.

Greif, Siegfried (2008). *Coaching und ergebnisorientierte Selbstreflexion: Theorie, Forschung und Praxis des Einzel- und Gruppencoachings.* Göttingen: Hogrefe.

Hartkemeyer, Martina und Johannes & Freemann Dhority, L. (2010). *Miteinander Denken. Das Geheimnis des Dialogs.* Stuttgart: Klett-Cotta. 5. Auflage.

Hölzle, Christina & Jansen, Irma (Hrsg.) (2011). *Ressourcenorientierte Biografiearbeit. Grundlagen, Zielgruppen, kreative Methoden.* Wiesbaden: VS Verlag. 2. Auflage.

Klingenberger, Hubert (2003). *Lebensmutig. Vergangenes erinnern, Gegenwärtiges entdecken, Künftiges entwerfen.* Don Bosco. 1. Auflage.

Kuckartz, Udo u.a. (2007). *Qualitative Evaluation. Der Einstieg in die Praxis.* Wiesbaden: VS Verlag. 1. Auflage.

Kricheldorff, Cornelia (2014). Grundlagen der Biografiearbeit – Biografie und Identität. In: Zentrum für Medizinische Bildung Bern (Hrsg.): *Biografiearbeit in der Aktivierungstherapie* (S. 13-32). Bern: h.e.p.-Verlag.

Kricheldorff, Cornelia (2005). Biografisches Arbeiten und Lernen. Lebensgeschichtliche Prägungen als Ressourcen. *Pflege Magazin. Zeitschrift für Pflege und Gesundheitsförderung,* 6(4).

Mielich, Anna & Höcke, Anja (2014). *Auswertung der berufsbiografischen Interviews.* Interner Ergebnisbericht aus dem Projekt InnoGESO – Innovations- und Demografiemanagement in Gesundheits- und Sozialberufen.

Miethe, Ingrid (2011). *Biografiearbeit. Lehr- und Handbuch für Studium und Praxis.* Weinheim: Juventa. 1. Auflage.

Ruhe, Hans Georg (2012). *Methoden der Biografiearbeit. Lebensspuren entdecken und verstehen.* Weinheim und Basel: Beltz Edition Sozial. 5. Auflage.

# 3 Handlungsleitfaden Lebensphasenspezifische Entwicklung im beruflichen Kontext

*Barbara Hinding, Maren Albrecht,*
*Ynaiê Bhering Soares*

(Bild: B. Hinding)

# Inhalt

# 1 Ausgangslage und Bedarf für eine lebensphasenorientierte Personalpolitik in Einrichtungen der Pflege und der Sozialen Arbeit

Im Rahmen der von InnoGESO durchgeführten Befragungen in den Einrichtungen unserer Praxispartner zeigte sich, dass sich Personalverantwortliche und Führungskräfte in der Pflege und der Sozialen Arbeit in Hinblick auf demografische Veränderung bereits intensiv mit dem Fachkräftemangel und dem drohenden Verlust von Erfahrungswissen infolge von Pensionierungen auseinandersetzen:

*A: „Klar. Also in meinem Fachbereich haben wir noch eher eben ältere Mitarbeiter und solche in einem mittleren Alter. Weniger Junge. Das ist ein Problem. Oder wird ein Problem, weil man sagen kann, in den nächsten zehn Jahren, so grob... In den nächsten sechs bis zehn Jahren werden ganz viele Mitarbeiter ausscheiden. [...] also erforscht worden ist das ja auch, dass man, wenn man aus einem Unternehmen weggeht, 80% des Wissens mitnimmt. Auch wenn ich es nicht willentlich mitnehme, sondern das passiert einfach. Und das finde ich Wahnsinn."* (Fachbereichsleiterin in sozialer Einrichtung)

Die Ergebnisse der Mitarbeiterbefragungen, die wir für jede Einrichtung spezifisch widerspiegelten, liefern wichtige Hinweise, an welchen Stellschrauben angesetzt werden kann, um die Pflege und Soziale Arbeit innovationsfähig und demografie-fit zu machen. Unsere Auswertungen bezogen sich dabei nicht nur auf verschiedene Berufsgruppen in den Einrichtungen, sondern auch auf verschiedene Altersgruppen. Hierbei zeigt sich, dass nicht unbedingt Mitarbeiter(innen) 50-plus durch ihre langjährige Tätigkeit „Verschleißerscheinungen" in Form von hohen Werten emotionaler Erschöpfung oder kognitiver Stresssymptome aufweisen, sondern auch die Altersklasse der 30- bis 40-jährigen Mitarbeiter(innen) von hohen Belastungswerten betroffen ist.

Die gemeinsame Diskussion mit den Praxispartnern ergab, dass Mitarbeiter(innen) in unterschiedlichen Altersgruppen verschiedene Bedürfnisse und Herausforderungen in ihrem beruflichen und privaten Alltag erleben, was wiederum Auswirkung auf deren Innovations- sowie Arbeits- und Beschäftigungsfähigkeit haben kann. Sowohl die Befunde der Mitarbeiterbefragungen als auch die Diskussionen wurden als Anlass zur Ausgestaltung eines Workshops zum Thema „Lebensphasenspezifische Entwicklung im beruflichen Kontext" genommen.

Der Workshop wurde entwickelt, um Krankenhäusern und sozialen Einrichtungen Handlungsansätze für die Gestaltung einer lebensphasengerechten Personalpolitik aufzuzeigen. Beschäftigte in Sozial- und Gesundheitsberufen sind in ihrem beruflichen Kontext vielfältigen stressauslösenden Faktoren ausgesetzt, die vor allen Dingen dann ein Erleben von Belastung zufolge haben können, wenn sich Pflegekräfte und Sozialarbeiter zusätzlich mit Herausforderungen in anderen Lebensbereichen konfrontiert sehen.

Dem Leitfaden liegt daher die Annahme zu Grunde, dass sich die Bedürfnisse, Aufgabenstellungen und Potentiale von Mitarbeiter(innen) im Laufe des (Berufs-)Lebens verändern. Je nach Lebens- bzw. Berufsphase benötigen Pflegekräfte und Sozialarbeiter ganz unterschiedliche Unterstützungsleistungen von Seiten ihrer Einrichtung, um über ihren gesamten Berufsverlauf hinweg gesund, innovations- und leistungsfähig sein zu können. Der Einsatz von Personalentwicklungsmaßnahmen besitzt daher je nach Lebensphase eine ganz unterschiedliche Effizienz und Effektivität.

Eine lebensphasenorientierte Personalentwicklung konzentriert sich nicht auf eine einzelne Zielgruppe (z.B. High-Potentials), sondern bezieht alle Mitarbeiter(innen) einer Organisation auf sämtlichen Funktions- und Hierarchieebenen, sowie aller Altersklassen und Berufsgruppen mit ein. Denn nur bei einer ganzheitlichen Betrachtung der Mitarbeiterschaft lässt sich die Leistungs- und Arbeitsfähigkeit über den gesamten Berufsverlauf hinweg fördern.

Der Workshop wurde in Kooperation mit verschiedenen Krankenhäusern und sozialen Einrichtungen in Baden-Württemberg erprobt, evaluiert und optimiert. Im Rahmen eines ganztägigen Workshops wurden Führungskräfte hinsichtlich theoretischer Konzepte von Lebensphasen geschult und entwickelten Handlungsansätze für eine lebensphasenorientierte Personalpolitik. Die hier vorgestellten theoretischen Inhalte und praktischen Übungseinheiten dienen als Anleitung, die es anderen Einrichtungen in der Pflege und der Sozialen Arbeit ermöglicht, den Workshop „**Lebensphasenspezifische Entwicklung im beruflichen Kontext**" auf ihre Organisation zu übertragen.

## 1.1 Zielsetzung und Intention des Workshops

- Wissen über lebensphasenorientierte Konzepte individueller Entwicklung und biografischer Verläufe

- Übertragung einer lebensphasenorientierten Personalpolitik auf den eigenen Arbeitskontext in der Pflege und der Sozialen Arbeit

- Sensibilisierung für die Lebenssituation von Mitarbeiter(innen)

- Erarbeitung von Handlungsansätzen für die Gestaltung einer lebensphasengerechten Personalpolitik

- Identifikation geeigneter Instrumente für eine lebensphasengerechte Personalentwicklung: welche Personalentwicklungsmaßnahmen passen zu unserer Einrichtung?

- Auseinandersetzung mit der Situation in der eigenen Einrichtung: welche Personalentwicklungsinstrumente werden bereits umgesetzt? Welche neuen bisher noch unbekannten Maßnahmen gibt es?

- Förderung einer einheitlichen Wissensbasis unter den Führungskräften

## 1.2 Zielgruppe

Der vorliegende Leitfaden spricht mehrere Gruppen von Mitarbeiter-(inne)n an, die zur Ausgestaltung einer lebensphasenorientierten Personalpolitik in ihrer Organisation einen Beitrag leisten können. Vorrangig richtet sich die Intervention an Führungskräfte und Mitarbeiter(innen) mit Personalverantwortung. Denn in ihrer Funktion als Schnittstelle zwischen Geschäftsleitung und Mitarbeiterschaft sind ihnen die personalpolitischen Vorgaben und die organisationalen Rahmenbedingungen bekannt. Sie wissen was in diesem Rahmen zur Ausgestaltung einer lebensphasengerechten Personalpolitik möglich ist und was nicht. Gleichwohl wissen Führungskräfte auch in welcher Lebensphase sich ihre Mitarbeiter(innen) gerade befinden und welche Herausforderungen diese im beruflichen und privaten Leben zu bewältigen haben. Daneben richtet sich der Leitfaden auch an Personal- und Betriebsräte. Als Interessensvertretung der Belegschaft tragen sie die Notwendigkeit lebenszyklusorientierten Arbeitens an die Geschäftsleitung heran. Da in Krankenhäusern und sozialen Einrichtungen Schichtarbeitssysteme weit verbreitet sind, adressiert sich die Intervention auch an Mitarbeiter(innen), die mit der Gestaltung von Schichtplänen vertraut sind.

## 1.3 Aufbau des Workshops

Die Intervention ist als ganztägiger Workshop konzipiert und auf ca. 15 Teilnehmer(innen) ausgelegt. Theoretische Themenblöcke finden in einem Wechsel mit Gruppenarbeitsphasen statt, um den Teilnehmer(innen) einen Transfer der Theorie in die Praxis zu ermöglichen.

Um Wiederholungen mit Inhalten von Aus-und Weiterbildungen sowie dem Studium zu vermeiden, empfiehlt es sich das Vorwissen der Teilnehmer(innen) zwei Wochen vor der Intervention in einem Kurzinterview abzufragen.

---

**Struktur des Workshops Lebensphasenspezifische Entwicklung im beruflichen Kontext**

Modul 1: Überblick über lebensphasenorientierte Konzepte
- Phasen der psychosozialen Identitätsentwicklung nach Erikson
- Konzept der Entwicklungsaufgaben nach Havighurst
- Modell der menschlichen Entwicklung nach Schein
- Konzepte einer lebenszyklusorientierten Personalpolitik nach Graf

Modul 2: Übertragung lebensphasenorientierter Konzepte auf die eigene Organisation
- Subjektive Konstruktion der beruflichen Biografie in der Organisation
- Erstellung eines Berufs-Lebensbaums zur Visualisierung
- Zuordnung und Bewertung von geeigneten Instrumenten der Personalentwicklung in den konstruierten Berufs-Lebensverlauf
- Priorisierung von Personalentwicklungsinstrumenten als Handlungsfelder für eine lebensphasengerechte Personalpolitik

Modul 3: Problemfelder
- Gleichheit und Gerechtigkeit: Herausforderungen einer lebensphasenorientierten Personalpolitik

---

In Modul 1 erhalten die Teilnehmer(innen) als theoretischen Input einen Überblick über verschiedene lebensphasenorientierte Konzepte. In Modul 2 werden die theoretischen Inhalte auf die Berufsfelder der Pflege und der Sozialen Arbeit übertragen. Die Teilnehmer(innen) erstellen hierzu einen Berufs-Lebensbaum, in dem sie die Berufs- und Lebensphasen einzeichnen, mit denen sie sich selbst in ihrer eigenen Biografie konfrontiert sehen. Dabei beziehen die Teilnehmer(innen) in ihrer Rolle als Führungskräfte auch die (Berufs-)Biografie ihrer Mitarbeiter(innen) mit ein, um eine typologische, berufliche Biografie in ihrer Einrichtung visuell darzustellen. Im weiteren Verlauf dieser Moduleinheit treffen die Teilnehmer(innen) eine Auswahl über geeignete Personalentwicklungsmaßnahmen und ordnen diese den unterschiedlichen Lebensphasen ihres Berufs-Lebensbaumes zu. In Modul 3 werden mögliche Problemfelder angesprochen, die mit der Ausgestaltung einer lebensphasenorientierten Personalpolitik einhergehen können. Die Rücksichtnahme auf verschiedene lebensphasenspezifische Bedürfnisse einzelner Mitarbeiter(innen) kann das Gerechtigkeitsempfinden anderer beeinflussen. In diesem letzten Modul setzen sich die Teilnehmer(innen) daher mit dem Thema Gleichheit und Gerechtigkeit auseinander.

## 2    Modulaufbau, Ausgestaltung und Inhalte

### Modul 1: Überblick über lebensphasenorientierte Konzepte

Im folgenden Unterkapitel werden verschiedene Konzepte zur Gestaltung einer lebensphasengerechten Personalpolitik genauer ausgeführt. Folgende Lernziele sollen durch den theoretischen Input fokussiert werden:

---

**Lernziele**

- Aufbau einer gemeinsamen Wissensbasis über Konzepte von Lebensphasen

- Selbstreflexion: In welcher Phase befinden sich die einzelnen Teilnehmer(innen)? Können Sie sich mit den genannten Entwicklungsaufgaben und Krisen identifizieren?

- Sensibilisierung der Führungskräfte für die Lebenssituation ihrer Mitarbeiter(innen)

---

*Psychosoziale Konzepte der menschlichen Entwicklung*

Den theoretischen Bezugsrahmen für das Workshop-Konzept bilden die psychosozialen Konzepte der menschlichen Entwicklung von Robert Havighurst (1948), Erik H. Erikson (1971) und Edgar Schein (1978). Ihren Konzepten liegt die Annahme zugrunde, dass die menschliche Entwicklung von mehreren Stufen und Entwicklungsstadien geprägt ist, die jeder Mensch durchläuft.

Erikson (1971) beschreibt in seinem Stufenmodell die Entwicklung der menschlichen Identität bis ins hohe Erwachsenenalter. In der Auseinandersetzung mit der Umwelt und den eigenen Wünschen und Bedürfnissen durchläuft jeder Mensch im Laufe seiner Identitätsentwicklung acht verschiedene Entwicklungsstadien, in denen er sich mit phasenspezifischen Krisen aktiv auseinandersetzen muss. Der Begriff Krise ist für Erikson dabei nicht negativ besetzt, sondern stellt eine konstruktive Auseinandersetzung mit den

*„[...] inneren und äußeren Konflikten [dar], welche die gesunde Persönlichkeit durchzustehen hat und aus dem sie immer wieder mit einem gestärkten Gefühl innerer Einheit, einem Zuwachs an Urteilskraft und der Fähigkeit hervorgeht, ihre Sache „gut zu machen". (Erikson 1980, S. 56)*

Erikson orientiert sich als Schüler von Freud an der Psychoanalyse und beschreibt diese Krisen auf einer abstrakten Ebene[1].

---

**Beispiele für Krisen im Stufenmodell der Identitätsentwicklung (Erikson)**

Während im frühen Kindesalter z.B. Konflikte überwunden werden müssen, die das Vertrauen in die direkte Bezugsperson beeinträchtigen[1], muss im **Erwachsenenalter** eine Balance zwischen **Generativität** und **Stagnation** gefunden werden. Das Streben nach Generativität beschreibt hierbei die Fürsorge für nachfolgende Generationen. Dies kann sich in dem Wunsch äußern, die **eigenen Kinder großzuziehen**, aber auch **Wissen und Erfahrungen an jüngere Kolleg(innen) weitergeben zu wollen**. In der Vernachlässigung der eigenen Person zum Wohle anderer kehrt sich Generativität jedoch negativ um. Der Gegenpol zu Generativität stellt Stagnation als eine Form der Vereinsamung dar, bei der zwischenmenschliche Beziehungen kaum noch gepflegt werden.

Der Konflikt in dieser Phase des Erwachsenenalters besteht darin, Balance zwischen Generativität und Stagnation zu finden. Mit dem Gefühl gebraucht zu werden und anderen etwas hinterlassen zu können, gehen die Menschen gestärkt aus diesem Konflikt hervor und erreichen die nächste Stufe ihrer Persönlichkeitsentwicklung.

---

In Anlehnung an Eriksons Stufenmodell der Identitätsentwicklung formulierte Havighurst (1948) das Konzept der Entwicklungsaufgaben. Entwicklungsaufgaben stellen hierbei altersbezogene und gesellschaftlich normierte Rollenerwartungen dar, die an das Individuum in verschiedenen Lebensphasen herangetragen werden. Diese werden als bedeutsame Lebensphasenziele übernommen und müssen gelöst werden (Quenzel 2010, S. 125). Havighurst schließt neben psychosozialen auch motorische und gesellschaftlich normierte Entwicklungsaufgaben in sein Konzept mit ein. So formuliert er neben dem Aufbau emotionaler Beziehungen im Säuglingsalter (ähnlich wie Erikson), Gehen und Sprechen lernen als eine weitere Entwicklungsaufgabe in dieser Lebensphase.

---

[1]  Die acht Krisen der psychosozialen Entwicklung nach Erikson: 1.) Säuglingsalter: Ur-Vertrauen vs. Ur-Missvertrauen; 2.) Kleinkindalter: Autonomie vs. Scham und Zweifel; 3.) Spielalter: Initiative vs. Schuldgefühl; 4.) Schulalter: Werksinn vs. Minderwertigkeitsgefühl; 5.) Adoleszenz: Identität vs. Identitätsdiffusion und Ablehnung; 6.) frühes Erwachsenenalter: Intimität und Solidarität vs. Isolierung; 7.) Erwachsenenalter: Generativität vs. Stagnation und Selbstabsorption; 8.) reifes Erwachsenenalter: Integrität vs. Verzweiflung.

---

**Beispiele für Entwicklungsaufgaben (Havighurst)**

Frühes Erwachsenenalter (bis 30 Jahre)
- Partnerwahl
- Berufseinstieg
- Familiengründung

Mittleres Erwachsenenalter (bis 50 Jahre)
- Haushalt führen
- Erziehung der Kinder
- Berufliche Karriere

---

Den Konzepten von Erikson und Havighurst ist gemein, dass sie die Entwicklungsaufgaben und Krisen in ihren Stufenmodellen als unumkehrbare Abfolge begreifen. Die erfolgreiche Bewältigung einer Krise bzw. einer Entwicklungsaufgabe ist notwendig, um Konflikte und Entwicklungsaufgaben in späteren Lebensphasen bewältigen zu können. Können Individuen eine Krise oder Entwicklungsaufgabe nicht lösen, wirkt sich dieses Scheitern auf spätere Lebensphasen und die Identitätsentwicklung aus und kann zu Frustration bis hin zu gesellschaftlicher Ablehnung führen.

Im Modell der menschlichen Entwicklung von Schein (1978) werden die Ansätze von Erikson und Havighurst aufgegriffen und in ein Konzept integriert, welches sich auf die Entwicklung im Erwachsenenalter fokussiert und eine genauere Differenzierung dieser Jahre vornimmt.

In Tabelle 1 definiert Schein (1978) nicht nur die Lebensphasen und die zu bewältigenden Aufgaben, sondern gibt auch eine Charakteristik der Lebensphasen wieder. Die menschliche Entwicklung ist in Scheins Modell von mehreren Phasen der Entscheidungsfindung, Stabilisierung und Neuorientierung durchzogen. Noch heute wird dem Modell in weiten Teilen Gültigkeit zugesprochen, und es dient als Grundlage für verschiedene Lebensphasenkonzepte (vgl. Haider 2010, S. 25).

Dabei nimmt das Modell von Schein gerade in der letzten Lebensphase nur eine ungenügende Differenzierung der Altersgrenzen und Entwicklungsaufgaben vor und spiegelt damit Altersstereotype und eine negative Sicht des Alterns wider. Auch in der Arbeitswelt sind diese negativen Altersstereotype noch immer weit verbreitet, da sie aus einer Zeit stam-

**Tab. 1: Lebensphasen nach Schein (1978, zitiert nach Haider 2010)**

| Alter | Aufgaben | Charakteristika |
|---|---|---|
| 20 bis 30 Jahre | ▪ Selbstständig werden<br>▪ Stammfamilie verlassen<br>▪ Eigene Familie gründen<br>▪ Berufliche Laufbahn einschlagen | ▪ Vorläufige Entscheidungen<br>▪ Energie, Enthusiasmus, Idealismus<br>▪ Austesten |
| Ende 20 bis Anfang 30 Jahre | ▪ Getroffene Entscheidungen überprüfen<br>▪ Konfrontation eigene Ideale mit Wirklichkeit | ▪ Entscheidungen<br>▪ Stabilisierung<br>▪ Neuorientierung |
| 30 bis 40 Jahre | ▪ Verwirklichung der getroffenen Entscheidungen | ▪ Stabilisierung<br>▪ Etablierung |
| Ende 30 bis Anfang 40 Jahre | ▪ Übergang oder Krise der Lebensmitte<br>▪ Gegenüberstellung Handlungen mit eigenen Hoffnungen und Träumen<br>▪ Treffen neuer Entscheidungen | ▪ Selbstkonfrontation<br>▪ Halbzeit<br>▪ Erkennen der eigenen Sterblichkeit |
| 40 bis 50 Jahre | ▪ Lernen mit den Konsequenzen der eigenen Entscheidungen zu leben<br>▪ Heranwachsen der Kinder und neue Qualität der Beziehung zum Partner | ▪ Neue Stabilisierung<br>▪ Rollendefinition |
| 50 Jahre bis Pensionierung | ▪ Selbstakzeptanz<br>▪ Lernen mit abnehmenden Fähigkeiten und physischen Schwierigkeiten umzugehen<br>▪ Mit dem Wettbewerb Jüngerer fertig werden | ▪ Wertschätzung des Gewohnten und der eigenen Ansichten |
| Pensionierung bis Lebensende | ▪ Umgang mit Pensionierung und Veränderung des Lebensstils<br>▪ Gesundheitliche Probleme<br>▪ Tod naher Freunde und des Partners bewältigen<br>▪ Soziale Isolierung durch Anwendung von Weisheit und Erfahrung vermeiden | ▪ Tod als Wirklichkeit |

men, in der ältere Beschäftigte durch Altersteilzeit und Frühverrentung früher aus dem Erwerbsleben ausgegliedert wurden (vgl. BMFSFJ 2014, S. 12). Zahlreiche wissenschaftliche Studien haben das Defizit-Modell des Alterns jedoch widerlegt, in dem älteren Arbeitnehmer(innen) eine geringere Leistungsfähigkeit, Flexibilität und Lernbereitschaft unterstellt wird.

---

**Ältere Mitarbeiter(innen) verfügen über**

- Höhere berufliche Fachkompetenz
- Planung und kausales Denken
- Konzeptuelles Denken
- Kooperations- und Teamfähigkeit
- Selbstvertrauen
- Faktenwissen und Handlungswissen
- Selbstreflektivität
- Resilienz

(vgl. Klemp & McClelland 1986; Heuft et al. 2000; zitiert nach Möller & Volkmer 2005)

---

Vor dem Hintergrund des demografischen Wandels und dem damit einhergehenden Fachkräftemangel lohnt es sich daher besonders die Potentiale und Ressourcen älterer Mitarbeiter(innen) bei der Ausgestaltung einer lebensphasengerechten Personalpolitik in Betracht zu ziehen. Ein Konzept, dass die Leistungs-, Arbeits- und Beschäftigungsfähigkeit von Mitarbeiter(innen) über die gesamte berufliche Biografie fördert, stellt Grafs Konzept der lebenszyklusorientierten Personalentwicklung dar.

### Lebenszyklusorientierte Personalentwicklung nach Graf

In Grafs Konzept durchläuft jeder Mensch einen individuellen Lebenszyklus, der sich in **fünf verschiedene (Teil-)Lebenszyklen** aufteilen lässt. Jeder Teillebenszyklus bezieht sich auf einen anderen Lebensbereich und beinhaltet unterschiedliche Bedürfnisse und Herausforderungen, die bewältigt werden müssen. Die Unterscheidung dieser verschiedenen (Teil-)Lebenszyklen stellt ein Diagnose-Instrument dar, anhand dessen Ansatzpunkte für Personalentwicklungsmaßnahmen aufgezeigt werden, die bei der Bewältigung verschiedener Lebensphasen hilfreich sind (vgl. Graf 2001, S. 31).

Folgende **fünf (Teil-)Lebenszyklen** werden im Konzept von Graf berücksichtigt:

Der **biosoziale Lebenszyklus** umfasst die Lebensspanne eines Menschen, die von seiner Geburt bis zu seinem Tod dauert. Er beschreibt den „stufenweisen Verlauf der Persönlichkeitsentwicklung" (Graf 2008, S. 272), der von verschiedenen biologischen und sozialen Faktoren beeinflusst wird. Der Verlauf des biosozialen Lebenszyklus lässt sich mit den zuvor erläuterten Konzepten der psychosozialen Entwicklung von Havighurst und Erikson beschreiben. Aspekte dieses Teillebenszyklus werden in die Ausgestaltung einer lebensphasengerechten Personalpolitik miteinbezogen (vgl. ebd., S. 25).

Der **familiäre Lebenszyklus** umfasst den Bereich der Familie. Hierunter fällt die Gründung einer eigenen Familie und die Betreuung der Kinder, aber auch Sorgeverpflichtungen gegenüber pflegebedürftigen Angehörigen. Eine lebensphasenorientierte Personalpolitik fokussiert sich bei diesem Zyklus auf Maßnahmen zur Vereinbarkeit von Familie und Beruf bzw. Vereinbarkeit von Beruf und Pflege (vgl. ebd., S. 26).

Während erst genannte Zyklen sich auf den Bereich des Privaten bzw. Familiären beziehen, umfasst der **berufliche Lebenszyklus** den Erwerbsverlauf eines Menschen von Beginn des Berufseinstiegs bis zu dessen Austritt aus dem Erwerbsleben. Graf sieht als Ansatzpunkt einer lebensphasenorientierten Personalpolitik die Förderung von lebenslangem Lernen. Zwar ist die normale Erwerbsbiografie immer noch geradlinig geprägt, aber diskontinuierliche Erwerbsverläufe mit Phasen von Arbeitslosigkeit, Weiterbildung oder beruflicher Umorientierung nehmen immer mehr zu (vgl. Reutter 2004).

Unter dem beruflichen Lebenszyklus unterscheidet Graf den betrieblichen Lebenszyklus vom stellenbezogenen. Der **betriebliche Lebenszyklus** reicht von dem Eintritt eines Beschäftigten in das Unternehmen bis hin zu dessen Austritt. Seine Dauer kann, muss aber nicht mit dem beruflichen Lebenszyklus zusammenfallen, z.B. wenn ein(e) Mitarbeiter(in) das Unternehmen oder Tätigkeitsfeld wechselt. In diesem Fall beginnt der betriebliche Lebenszyklus erneut.

Um das Potential eines Mitarbeiters oder einer Mitarbeiterin über die gesamte Dauer der Betriebszugehörigkeit auszuschöpfen, knüpfen Personalentwicklungsmaßnahmen an der Förderung des Entwicklungspotentials an. Hierbei geht es darum „herauszufinden, welche Entwicklungsmöglichkeiten Mitarbeiter(innen) im Rahmen ihrer betrieblichen Laufbahn (noch) haben." (Graf 2008, S. 29).

Der betriebliche Lebenszyklus (Abb.1) beginnt mit **dem Eintritt in das Unternehmen.** In der Phase der Einführung erfahren Neulinge einen Sozialisationsprozess, indem sie die Werte, Normen und Strukturen ihres Unternehmens kennenlernen. In der Phase des Wachstums haben sich Mitarbeiter(innen) in den Betrieb integriert und **entwickeln ihre betriebliche Laufbahn bzw. Karriere,** die sowohl vertikal als auch horizontal verlaufen kann (vgl. ebd., S. 28). Nach Graf (2001) zielen die meisten Personalentwicklungsmaßnahmen auf diese Phase ab, laufen dabei aber Gefahr das Potential der Mitarbeiter(innen) in anderen Phasen des betrieblichen Lebenszyklus zu vernachlässigen. In der Phase der Reife können Mitarbeiter(innen) auf einem **Karriereplateau** stehen bleiben. Das passiert, wenn

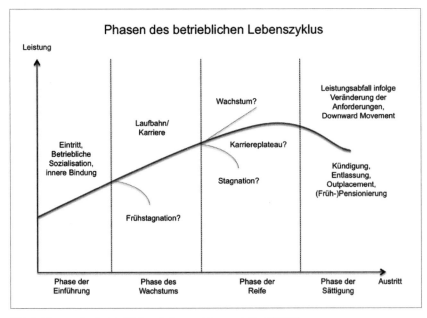

**Abb.1: Phasen des betrieblichen Lebenszyklus nach Graf (2001)**

Mitarbeiter(innen) ihre berufliche Tätigkeit nicht mehr als Herausforderung zum Lernen und ihre **beruflichen Weiterentwicklungsmöglichkeiten als stagnierend** ansehen. Entsprechend dem Konzept der psychischen Sättigung empfinden sie ihre Arbeit als monoton und entwickeln Abneigungen gegenüber ihrer Arbeit. Unternehmen müssen hier mit geeigneten Maßnahmen Mitarbeiter(innen) dabei helfen, das Karriereplateau zu überwinden. Denn gelangen diese in eine Phase der Sättigung, **sinkt die Leistung der Mitarbeiter(innen) infolge von Demotivation.** Das Leistungspotential und die Motivation der Arbeitnehmer(innen) muss neu entfacht werden, damit diese nicht innerlich kündigen, nur noch Dienst nach Vorschrift leisten oder gar das Unternehmen verlassen.

Das Erleben eines Karriereplateaus ist nicht ausschließlich älteren Mitarbeiter(innen) zuzuschreiben, sondern wird auch durchaus von jüngeren Mitarbeiter(innen) wahrgenommen. Auch zu Beginn des betrieblichen Lebenszyklus kann es in der Phase des Wachstums zu einer Frühstagnation kommen. Jedoch bergen **negative Altersstereotype** von Unternehmens- oder Führungskräfteseite ein gewisses Risiko, dass gerade ältere Arbeitnehmer(innen) in diese Phase der Sättigung gelangen.

Schon lange weisen Studien daraufhin, dass älteren Mitarbeiter(innen), aufgrund von Vorurteilen, weniger Weiterbildungsmöglichkeiten angeboten werden (vgl. Schmidt 2006). In Hinblick auf den schon heute drohenden Fachkräftemangel in Pflege- und Sozialberufen muss das (frühzeitige) Ausscheiden älterer Beschäftigter verhindert werden. Denn Krankenhäusern und sozialen Einrichtungen steht damit nicht nur weniger Personal zur Verfügung, sondern sie laufen auch Gefahr, dass ihnen mit dem Erfahrungswissen älterer Arbeitnehmer(innen) eine wichtige Ressource verloren geht. Die Übertragung von neuen Aufgaben (z.B. die Übernahme einer Mentorenrolle) kann ein Personalentwicklungsinstrument sein, das Arbeitnehmer(innen) in der Plateauphase wieder neue Motivation und Leistungsbereitschaft zurückgibt.

Neben dem betrieblichen Lebenszyklus definiert Graf (2001) als fünften (Teil-)Lebenszyklus den **stellenbezogenen Lebenszyklus** (Abb.2). Er reicht von dem Antritt einer neuen Stelle bis hin zum Ausscheiden bzw. Wechsel in eine andere berufliche Position bzw. Tätigkeit. Während im betrieblichen Lebenszyklus die berufliche Entwicklung der Beschäftigten im Vordergrund steht, konzentriert sich der stellenbezogene Lebenszyklus auf die

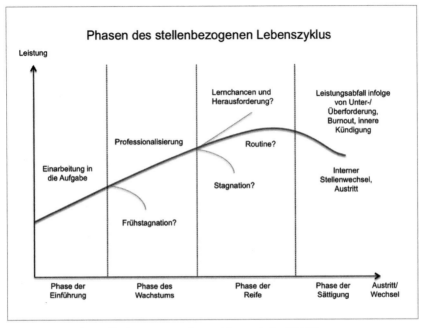

**Abb. 2: Phasen des stellenbezogenen Lebenszyklus nach Graf (2001)**

Förderung der Leistungsfähigkeit der Mitarbeiter(innen) in ihrer aktuellen beruflichen Position (vgl. ebd., S. 26).

Der Verlauf des stellenbezogenen Lebenszyklus gestaltet sich in ähnlicher Weise wie der des betrieblichen Lebenszyklus, wobei der Fokus auf der aktuellen beruflichen Position im Unternehmen liegt. Auch hier gibt es neben den Phasen der Einführung, des Wachstums und der Reife eine Phase der Sättigung, in der die Mitarbeiter(innen) die Tätigkeiten in ihrer aktuellen beruflichen Position als langweilig und wenig herausfordernd erleben können. Um zu verhindern, dass Mitarbeiter(innen) in die Phase der Sättigung abrutschen oder sogar das Unternehmen verlassen wollen, gilt es hier mit gezielten Maßnahmen einem solchen **Karriereplateau** entgegenzuwirken.

## *Leitgedanken einer lebenszyklusorientierten Personalentwicklung*

Graf (2008) postuliert, dass Übergänge zwischen den einzelnen Phasen eines Zyklus, aber auch die Überschneidung von verschiedenen (Teil-)Lebenszyklen als krisenhaft erlebt werden (vgl. ebd.: 270). Der Berufseinstieg kann beispielsweise zeitlich mit der Gründung einer eigenen Familie und den daraus resultierenden Sorgeverpflichtungen zusammenfallen. Durch die Überschneidung des beruflichen und familiären Lebenszyklus entsteht eine „kritische Situation", bei der Menschen gleich zwei Herausforderungen bewältigen müssen, was zu einem erhöhtem Stressniveau und einer verminderten Leistungsfähigkeit führt.

Eine lebenszyklusorientierte Personalpolitik bezieht nach Graf (2008) die einzelnen Lebensphasen und Entwicklungsaufgaben im biosozialen und familiären Lebenszyklus in die Ausgestaltung der Arbeitsbedingungen, sowie in die Karriere- und Laufbahnplanung mit ein (vgl. ebd.: 274). Im Idealfall können flexible Arbeitszeitmodelle (wie z.B. Job-Sharing) ein Instrument darstellen, das es Arbeitnehmer(innen) erlaubt, ihren Sorgeverpflichtungen nachkommen zu können, ohne dabei Abstriche in ihrer Karriere- und Laufbahngestaltung in Kauf nehmen zu müssen.

Gerade in der Fachliteratur werden kritische Lebensphasenübergänge wie die „Rushhour des Lebens" oder „Krisen in der Lebensmitte" häufig diskutiert. Während die „Rushhour des Lebens" das Phänomen beschreibt, dass Karriere- und Familienplanung in ein enges Zeitfenster fallen, wird unter der „Krise der Lebensmitte" die Selbstkonfrontation von Zielen und Wünschen mit der Realität verstanden, die mitunter in eine Lebenskrise münden und zum Überdenken der Lebensziele führen können. Gerade bei zuletzt genannter Krise sieht Graf (2008) das Erreichen eines Karriereplateaus als einen möglichen Auslöser für die Sinnkrise (vgl. ebd.). Während bereits einige Personalinstrumente für die „Rushhour des Lebens" entwickelt und eingesetzt wurden (z.B. Einführung einer betriebseigenen Kita, Job-Sharing-Modell, etc.), gibt es für Mitarbeiter(innen) im **Karriereplateau** bisher nur wenige Interventionen. Gängige Personalentwicklungsmaßnahmen richten sich in dieser Phase an die (Früh-)Pensionierung oder den Entzug von Verantwortung und Kompetenzen. An dieser Stelle wird in Hinblick auf den Mangel an qualifiziertem Fachpersonal ein Überdenken der gängigen Personalpraxis als dringend notwendig erachtet.

**Personalentwicklungsinstrumente zur Überwindung des Karriereplateaus**

- Systematischer Tätigkeitenwechsel
- Job Enlargement
- Job Enrichment (z.B. Übernahme einer Mentorenrolle)
- Phasenweise Projektleitung
- Altersgemischte Arbeitsgruppen
- Weitergabe des Erfahrungswissens
- Flexible Arbeitszeitmodelle
- Förderung von lebenslangem Lernen
- Horizontale Laufbahngestaltung

## Modul 2: Übertragung lebensphasenorientierter Konzepte auf die eigene Organisation

*Erstellung eines Berufs-Lebens-Baumes*

**Lernziel**

- Identifikation von lebensphasenspezifischen Meilensteinen, die Beschäftigte in der Pflege und der Sozialen Arbeit in ihren Berufsfeldern sehen

Im Anschluss an den theoretischen Input soll das Erlernte von den Teilnehmer(innen) in einer Gruppenarbeitsphase zur Anwendung kommen. In Anlehnung an das Modell des Berufs-Lebensbaumes von Hodapp & Peußer (2014) erstellen die Teilnehmer(innen) in zwei Gruppen (ca. 7 bis 8 Personen) ihre Version eines Berufs-Lebensbaums. Diese Übung wird durch zwei externe Personen moderiert.

Der Berufs-Lebensbaum stellt eine Methode aus der Biografiearbeit dar. Mithilfe der Metapher des Baumes reflektieren die Teilnehmer(innen) ihre persönliche berufliche Biografie in der Organisation. Durch die Äste lassen sich visuell Umbrüche im beruflichen Lebensverlauf darstellen. Die Blätter versinnbildlichen, welche Ressourcen und Belastungen in den einzelnen Lebensphasen erlebt werden.

Die Moderator(innen) händigen den Teilnehmer(innen) Plakate mit einem Baum aus, dessen Wurzeln mit „Berufseinstieg" und dessen Baumkrone mit „Pensionierung" beschriftet sind. Die Teilnehmer(innen) sollen in diesen Berufs-Lebensbaum all diejenigen Lebensphasen einzeichnen, die sich im Laufe ihres Berufslebens entwickeln (können) und die ihnen in Bezug auf ihre Biografie als relevant erscheinen. Die Lebensphasen können dabei abstrakt formuliert sein. Die Teilnehmer(innen) können aber auch konkrete Wünsche, die sie in einer jeweiligen Lebensphase an ihre Einrichtung haben, in ihren Baum einzeichnen.

Des Weiteren wird den Teilnehmer(innen) die Instruktion gegeben, die Herausforderungen und Bedürfnisse, aber auch Ressourcen, die mit den jeweiligen Lebensphasen verknüpft sind, in den Berufs-Lebensbaum einzuzeichnen.

Am Ende dieser Übung sollen zwei visuelle Berufs-Lebensbäume einer typologischen beruflichen Biografie entstehen, die für die Einrichtung der Teilnehmer(innen) repräsentativ sind. Gemeinsam mit den Moderator-(innen) vergleichen die Teilnehmer(innen) ihre Berufs-Lebensbäume im Plenum und diskutieren Unterschiede und Gemeinsamkeiten in der von ihnen aufgestellten beruflichen Biografie. Die Übung trägt dazu bei, die Teilnehmer(innen) für die Lebenssituation ihrer Mitarbeiter(innen) zu sensibilisieren. Die Vielfalt unterschiedlicher Lebensverläufe wird hierbei verdeutlicht. Im Anschluss sollen die Teilnehmer(innen) die Lebensphasen in ihren Bäumen identifizieren, bei denen sie den größten Handlungsbedarf wahrnehmen.

---

**Übungsmaterial und Zeitrahmen**

- **Zeitrahmen** für die Übung: ca. 1 Stunde
- **Materialien:** Meta-Kärtchen, Filzstifte, Klebstifte, 2 große (mind. DINA 0) Plakate mit eingezeichneten Bäumen

---

### *Personalentwicklungsmaßnahmen für eine lebensphasenorientierte Personalpolitik*

In der darauf folgenden Gruppenarbeitsphase verbleiben die Teilnehmer-(innen) in ihren zwei Arbeitsgruppen und erhalten jeweils 25 verschiedene Kärtchen auf denen Personalentwicklungsinstrumente vermerkt sind. Im Vorfeld des Workshops werden ca. 50 Maßnahmen von den Moderator-(innen) recherchiert, die an verschiedenen Lebensphasen oder über den gesamten Berufsverlauf ansetzen und die Leistungs- sowie Beschäftigungs- und Arbeitsfähigkeit der Mitarbeiter(innen) in den spezifischen Phasen fördern.

**Lernziele**

- Anregungen für neue, bisher noch unbekannte lebensphasenspezifische Personalentwicklungsmaßnahmen

- Sichtbarmachen von lebensphasenspezifischen Personalentwicklungsmaßnahmen, die es in der Einrichtung bereits gibt

- Anregung der Diskussion: Ist unseren Mitarbeiter(innen) bewusst, welche Maßnahmen bereits vorhanden sind? Welche Maßnahmen kommen nur vereinzelt zum Einsatz? Welche Maßnahmen lassen sich strukturell umsetzen?

- Aufzeigen von konkreten Handlungsfeldern: Warum konnten einige Instrumente im Haus noch nicht realisiert werden?

- Förderung der einheitlichen Kommunikation von bereits implementierten Maßnahmen

Die Teilnehmer(innen) erhalten die Aufgabe, die Kärtchen in vier verschiedene Kategorien zu sortieren:
- Im Haus bereits umgesetzt bzw. konnte bereits realisiert werden
- Konnte bisher noch nicht realisiert werden
- Ist noch nicht diskutiert worden bzw. ist mir unbekannt
- Wurde schon einmal verworfen bzw. kommt nicht infrage

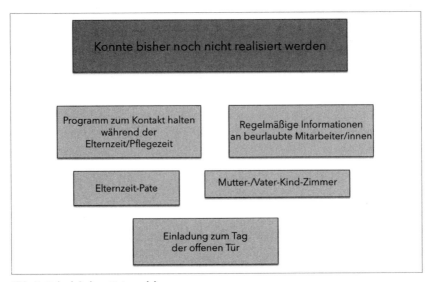

**Abb. 3: Beispiel einer Kategorisierung**

Am Ende der Gruppenübung werden die verschiedenen Personalentwicklungsinstrumente für jeden gut sichtbar im Raum unter den vier verschiedenen Kategorien an einer Pinnwand aufgehängt (Abb. 3). Mithilfe dieser Kategorisierung können sich die Teilnehmer(innen) mit ihrer Situation im Haus auseinandersetzen.

In der anschließenden Diskussion werden die Teilnehmer(innen) feststellen, dass eine eindeutige Einteilung der Maßnahmen unter die vier verschiedenen Kategorien nicht einfach ist. Die Teilnehmer(innen) werden mitunter unterschiedliche Informationen über die Implementierung dieser Maßnahmen im Haus besitzen. Wissens- und Kommunikationsdefizite werden hier deutlich gemacht. Des Weiteren können die Teilnehmer(innen) diese Übung aber auch dafür nutzen, um neue Handlungsfelder in ihrem Haus zu identifizieren.

Gerade die Kategorien „Konnte bisher noch nicht realisiert werden" und „Ist noch nicht diskutiert worden" liefern hier mögliche Ansatzpunkte für die Implementierung neuer Personalentwicklungsmaßnahmen.

---

**Übungsmaterial und Zeitrahmen**

- **Zeitrahmen** für die Übung: ca. 30 Minuten

- **Materialien:** insgesamt 50 Meta-Kärtchen mit 50 verschiedenen Personalentwicklungs-maßnahmen

---

Im nächsten Schritt nehmen die Teilnehmer(innen) in ihren zwei Arbeitsgruppen eine Priorisierung der vorgestellten Personalentwicklungsinstrumente vor. Dabei sollen sie insgesamt zehn Instrumente heraussuchen, die sie in Hinblick auf ihren Berufs-Lebensbaum als wichtig erachten. Diese zehn Personalentwicklungsinstrumente sollen dann den verschiedenen Lebensphasen im Berufs-Lebensbaum zugeordnet werden (Abb. 4).

Am Ende der Übung erhalten die Teilnehmer(innen) einen Berufs-Lebensbaum, der die Motive und die Bedürfnisse aus den einzelnen Lebensphasen mit Instrumenten aus der Personalentwicklung in Einklang bringt. Durch die Form des Baumes werden die einzelnen Phasen im Leben eines Menschen visuell verdeutlicht, die sich aus seiner persönlichen und familiären Entwicklung heraus ergeben (vgl. Hodapp & Peußer 2014: 200).

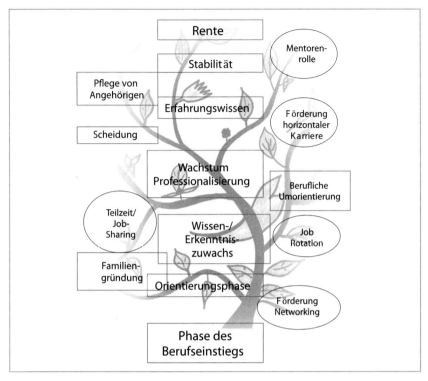

**Abb. 4: Exemplarischer Berufs-Lebensbaum**


## Modul 3: Problemfelder

*Gleichheit und Gerechtigkeit*

---

**Lernziele**

- Annäherung an Gerechtigkeits- und Gleichheitsproblem:
  „Wie viel Gleichheit ist gerecht?"
- Sensibilisierung für eine transparente Kommunikation

---

Die Gewährleistung von Gerechtigkeitsansprüchen von Organisationsmit-
gliedern erfolgt durch verschiedene institutionelle Einrichtungen sowohl
in als auch außerhalb von Organisationen (Feldmann 2009). Zu den
externen Maßnahmen zählen die Arbeitsgerichte, allgemeine Gesetzge-

bungen oder gewerkschaftliche Vertretungen. Als organisationsinterne Maßnahmen gibt es beispielsweise die Gleichstellungsbeauftragte, Beschwerdestellen, Betriebsvereinbarungen, Betriebsräte oder auch eine *lebensphasenorientierte Personalpolitik.* Diese letztere versucht, auf die unterschiedlichen Bedürfnisse von Mitarbeiter(innen) einzugehen, die sich in verschiedenen Lebensphasen befinden. So kann z.b. bei der Urlaubs- und Schichtplangestaltung Rücksicht auf Mitarbeiter(innen) mit Kindern genommen werden. Die Rücksichtnahme auf deren Bedürfnisse kann aber bei kinderlosen Kolleg(innen) den Eindruck der Benachteiligung entstehen lassen. Einerseits gilt die Rücksichtnahme auf individuelle und lebensphasenspezifische Bedürfnisse als erstrebenswert, anderseits **kann nicht auf die Bedürfnisse aller Mitarbeiter(innen) gleichzeitig eingegangen werden,** wenn das Tagesgeschäft nicht zum Erliegen kommen soll. Nicht umsonst wird dieser Akt der Balance von Führungskräften als schwierig erlebt.

Nach Feldmann (2009) gibt es zwei unmittelbare Merkmale, die in besonderem Umfang zur Wahrnehmung der Gerechtigkeit der Führungskräfte beitragen. Nämlich ein *respektvoller* und *nachvollziehbarer* Umgang mit den Mitarbeiter(innen), vor allem, wenn es um das Treffen von Entscheidungen geht. Quaquebeke und Eckloff (2009) schreiben Führungskräften, die als respektvoll wahrgenommen werden, zwölf Verhaltensweisen zu (siehe Kasten). Damit die Vermittlung einer Entscheidung so nachvollziehbar wie möglich erfolgen kann, braucht die Führungskraft selbst alle hierfür notwendigen und zur Verfügung stehenden Hintergrundinformationen. Dabei helfen organisationsinterne Informationsverteiler und regelmäßige Treffen sowie ein Austausch mit über- und untergeordneten Unternehmensinstanzen (vgl. Feldmann 2009).

Das Konzept des „psychologischen Vertrags" kann auch ein nützliches Instrument dafür sein. Der psychologische Vertrag geht über den formalen juristischen Arbeitsvertrag - der Aufgaben und Vergütung klärt – hinaus und beschreibt die wechselseitigen Erwartungen und Angebote, die Mitarbeiter(innen) und Unternehmen aneinander stellen (vgl. Räder & Grote 2012, S. 8). Während der juristische Vertrag als Regelung des ökonomischer Austauschs von Arbeit gegen Geld verstanden werden kann, werden im psychologischen Vertrag gegenseitige Erwartungen, z.B. über die Sicherheit der Beschäftigung oder wie viel Einsatz über die festgelegte Arbeitszeit hinaus erwartet wird, geklärt. Angebote, die das Unternehmen auf diese Erwartungen hin machen kann, können z.B. die Aussicht auf interne Entwicklungsmöglichkeiten sein. Während diese Aspekte im juris-

**Die zwölf Verhaltensweisen einer gerechten Führungskraft**

1. Zeigt Vertrauen in die Fähigkeit der Mitarbeiter(innen) unabhängig und selbstverantwortlich arbeiten zu können
2. Äußert Kritik gegenüber Mitarbeiter(innen) auf objektive und konstruktive Weise
3. Nimmt Mitarbeiter(innen) als vollwertige Gesprächspartner(innen) wahr
4. Erkennt die Arbeit der Mitarbeiter(innen) an
5. Zeigt Interesse an den Ansichten und Meinungen der Mitarbeiter(innen)
6. Macht Mitarbeiter(innen) nicht für die eigenen Fehler verantwortlich
7. Steht gegenüber dritten Parteien für seine Mitarbeiter(innen) und deren Arbeit ein
8. Behandelt Mitarbeiter(innen) höflich
9. Versorgt die Mitarbeiter(innen) mit relevanten Informationen
10. Nimmt Mitarbeiter(innen) und ihre Arbeit ernst
11. Verhält sich Mitarbeiter(innen) gegenüber offen und ehrlich
12. Behandelt Mitarbeiter(innen) fair

tischen Vertrag nicht berücksichtigt werden, beschreibt der psychologische Vertrag eine (Arbeits-)Beziehung, die auf einem sozialen Austausch beruht.

Nach Behrens und Hecker (2014) dient der psychologische Vertrag als Managementinstrument, um die gegenseitigen Erwartungen zu klären. Wichtig ist dabei jedoch, dass bei der Nicht-Berücksichtigung einer Erwartung oder eines Bedürfnisses die Ablehnung transparent und konsistent begründet werden muss. Vielleicht können alle Anliegen dadurch nicht vollständig gelöst – aber zumindest erleichtert werden (vgl. ebd.).

## 3    Erfahrungen und Ergebnisse

Der Workshop „Lebensphasenspezifisches Arbeiten im beruflichen Kontext" wurde in der Laufzeit des Projekts InnoGESO in mehreren Krankenhäusern und sozialen Einrichtungen erprobt und evaluiert. Zwei Wochen vor der Intervention wurden das Vorwissen und die Erwartungen der Teilnehmer(innen) mittels telefonischer Kurzinterviews abgefragt. Es zeigte sich, dass auf Führungskräfteebene bereits eine Auseinandersetzung mit dem Thema lebensphasenspezifisches Arbeiten stattfindet:

> *„Wenn die Ehe auseinander bricht, da bleiben Alleinerziehende zurück. Da haben wir darauf Rücksicht genommen und die Dienste angepasst. Aber das ist immer schwer. Die Aufträge abzuwägen mit den Bedürfnissen der Mitarbeiter. Aber das ist von Anfang an unser Bemühen. Oder Pflege von Angehörigen. Oder wenn es eine Krise gibt. Dass wir den Mitarbeitern den Rücken freihalten. [...] wir haben individuell schon vieles versucht zu ändern, um die Belastungen in den verschiedenen Lebensphasen der Mitarbeiter und Kollegen zu entsprechen." (Bereichsleiter in einer sozialen Einrichtung)*

Indem durch den Workshop verschiedene Lebensphasen von Mitarbeiter(innen) visualisiert werden, erweitern die Teilnehmer(innen) ihren Blickpunkt. Anstatt sich nur auf einzelne Lebensphasen und deren Belastungen zu konzentrieren, wird der Fokus auf den gesamten beruflichen Lebensverlauf erweitert. Neben medial präsenten Themen wie die Vereinbarkeit von Familie und Beruf, setzen sich die Teilnehmer(innen) nun auch mit bis dato weniger beachteten Lebensmomenten wie dem Karriereplateau auseinander.

Ein wichtiges Anliegen des Workshops ist es, den Teilnehmer(innen) einen Überblick darüber zu vermitteln, welche lebensphasenspezifischen Angebote bereits in den Einrichtungen implementiert sind oder welche Personalentwicklungsmaßnahmen noch nicht umgesetzt wurden aber als sinnvoll erachtet werden. Auf den ersten Blick mag dies trivial erscheinen. Während der Workshops beobachteten wir jedoch, dass selbst auf der Führungsebene kein einheitlicher Wissensstand darüber vorherrscht:

> *„Also grundsätzlich ist festzustellen, dass wir die allermeisten Maßnahmen tatsächlich schon umgesetzt haben. Wir haben aber in dem*

*Workshop festgestellt, dass wir es nicht strukturiert umgesetzt haben. Also es sind viele Dinge, die auch individuell entschieden werden oder auch individuell von der Führungskraft genutzt werden. Und das war ein Aspekt, der uns ganz deutlich gezeigt hat: wir müssen es in eine Form gießen, sodass alle die gleichen Informationen haben.* *(Führungskraft in der Pflege)*

Der Workshop „Lebensphasenspezifische Entwicklung im beruflichen Kontext" stellt eine Hilfestellung für die Ausgestaltung einer lebensphasengerechten Personalpolitik dar. Durch den Entwurf eines organisationsspezifischen Konzeptes ist es Führungskräften und Personalverantwortlichen möglich, Belastungen, Bedürfnisse und Ressourcen in verschiedenen Lebensphasen zu identifizieren und konkrete Handlungsfelder und -ansätze hierfür zu benennen.

# 4    Literatur

Behrens, Beatrix & Hecker, Dominik (2014). Förderung von Mitarbeiterengagement in verschiedenen Lebensphasen bei der Bundesagentur für Arbeit. Beschäftigte begeistern und als Partner gewinnen. In: Jutta Rump &  Silke Eilers (Hrsg.): *Phasenorientierte Personalpolitik. Strategien, Konzepte & Praxisbeispiele zur Fachkräftesicherung.* Heidelberg: Springer Gabler Verlag.

BMFSFJ (Hrsg.) (2014). *Eine neue Kultur des Alterns. Altersbilder in der Gesellschaft – Erkenntnisse und Empfehlungen des Sechsten Altenberichts.*

Erikson, Erik (1973). *Identität und Lebenszyklus.* Frankfurt: Suhrkamp.

Feldmann, M. (2009). *Die Wahrnehmung der Gerechtigkeit von Führungskräften in Arbeitssituationen. Ein kritischer Beitrag zur Messung und Analyse von Gerechtigkeitswahrnehmungen in Organisationen.* Fakultät Wirtschaftswissenschaft der Fernuniversität in Hagen. Doktorarbeit.

Graf, Anita (2001). Lebenszyklusorientierte Personalentwicklung. Ein Ansatz für die Erhaltung und Förderung von Leistungsfähigkeit und -bereitschaft während des gesamten betrieblichen Lebenszyklus. *io management, (3)*, 24-31.

Graf, Anita (2008). Lebenszyklusorientierte Personalentwicklung: Handlungsfelder und Maßnahmen. In: Norbert Thom & Robert J. Zaugg (Hrsg.): *Moderne Personalentwicklung: Mitarbeiterpotenziale erkennen, entwickeln und fördern* (S. 265-281). Wiesbaden: Gabler Verlag.

Haider, Ursula (2010). *Betriebliche Gesundheitsförderung im Kontext eines lebensphasenorientierten Personalmanagements am Beispiel der Oö. Gesundheits- und Spitals-AG.* Diplomarbeit.

Havighurst, Robert J. (1972). *Developmental tasks and education.* New York: MacKay. 3. Auflage.

Hodapp, Marion & Peußer, Martin (2014). Der Berufs-Lebensbaum. Ein strategischer Ansatz zur Lebensphasenorientierten Personalpolitik und ein ganzheitliches Modell der individuellen Karriere- und Lebenslaufbahn im demografischen Wandel. In: Jutta Rump & Silke Eilers (Hrsg.): *Lebensphasenorientierte Personalpolitik* (S. 191-203). IBE-Reihe. Berlin/Heidelberg: Springer-Verlag.

Möller, Heidi & Volkmer, Uwe (2005). *Das Karriereplateau. Herausforderungen für Unternehmen Mitarbeiter/innen und Berater/innen. Organisationsberatung – Superversion – Coaching, (1)*, 5-20.

Quaquebeke, N.v. & Eckloff, T. (2009). Defining respectful leadership: What it is, how it can be measured, and another glimpse at what it is related to. *Journal of Business Ethics,* Online veröffentlicht. [zuletzt abgerufen am 10.02.2015 [http://link.springer.com/article/10.1007%2Fs10551-009-0087-z#page-1].

Quenzel, Gudrun (2010). Das Konzept der Entwicklungsaufgaben zur Erklärung von Bildungsmisserfolg. In: Gudrun Quenzel & Klaus Hurrelmann (Hrsg.): *Bildungs-*

*verlierer. Neue Ungleichheiten* (S. 123-136). Wiesbaden: VS Verlag für Sozialwissenschaften.

Reutter, Gerhard (2004). *Diskontinuierliche Erwerbsbiographien- Realität oder Konstrukt? Deutsches Institut für Erwachsenenbildung.* [zuletzt abgerufen am 29.01.2015 http://www.die-bonn.de/esprid/dokumente/doc-2004/reutter04_02.pdf].

Schein, Edgar (1971). The Individual, the Organization, and the Career: A Conceptual Scheme. *Journal of Applied Behavioral Science, 7*(1), 401-426.

Schmidt, Bernhard (2006). Weiterbildungsverhalten und – interessen älterer Arbeitnehmer. *Bildungsforschung, 2*(3) [zuletzt abgerufen am 29.01.2015 unter http://www. bildungsforschung.org/Archiv/2006-02/weiter-bildungsverhalten].

Schmitz-Scherzer, Reinhard (1995). Aspekte der menschlichen Entwicklung in der zweiten Lebenshälfte: Entwicklungskrisen, Entwicklungsaufgaben und Entwicklungsthemen. In: Andreas Kruse & Reinhard Schmitz-Scherzer (Hrsg.): *Psychologie der Lebensalter* (S. 171-178). Steinkopf Verlag: Darmstadt.

Barbara Hinding, Michael Kastner (Hrsg.)

# Innovativität als Erfolgsfaktor im demografischen Wandel

## Trainingsmodule zur ganzheitlichen Förderung der Innovationskompetenzen von Beschäftigten in der Pflege und in der Sozialen Arbeit

**124 Seiten, ISBN 978-3-95853-059-1, Preis: 15,- €**

eBook: ISBN 978-3-95853-060-7, Preis: 10,- € (www.ciando.com)

PABST SCIENCE PUBLISHERS
Eichengrund 28
D-49525 Lengerich
Tel. + + 49 (0) 5484-308
Fax + + 49 (0) 5484-550
pabst.publishers@t-online.de
www.psychologie-aktuell.com
www.pabst-publishers.de

In der Pflege und in der Sozialarbeit bremsen Schemata in den Köpfen und Organisationen die Innovationsfähigkeit. Wie lässt sich die Blockade auflösen?

Der Band stellt drei wissenschaftlich fundierte und praktisch erprobte Workshopkonzepte detailliert vor, die in der Personal- und Organisationsentwicklung nachhaltige Impulse setzen können. Einerseits basieren die drei Workshops auf einem zusammenhängenden Interventionskonzept, anderseits sind sie auch einzeln umsetzbar.

- Der Workshop „Förderung der Innovationskompetenz" richtet sich in erster Linie an Leitungskräfte; er sensibilisiert für die notwendigen Kompetenzen, Aufgaben, Strukturen und Rahmenbedingungen; die TeilnehmerInnen folgern daraus praktische Handlungsansätze

- Der Workshop „Stressbewältigung und Burnoutprävention" richtet sich an alle MitarbeiterInnen; er zeigt, wie Stress nicht als Blockade wirken muss, sondern als Anstoß zu kreativer, positiver, evtl. befreiender Veränderung

- Im Workshop „Organisationsinterne Kommunikation in Veränderungsprozessen" lernen v.a. Leitungskräfte, wie sie im Change Management MitarbeiterInnen nicht nur „mitnehmen", sondern auch deren Motivation und Kompetenzen verstärken

Die Workshop-Konzepte lassen sich in der Pflege und der Sozialarbeit eins zu eins oder auch in individuell abgestimmten Varianten umsetzen. Die Anstöße zur Innovationsfähigkeit dienen der Gesundheit der Beschäftigten und ihrer Klienten.

M. Kastner, M. Falkenstein, B. Hinding (Hrsg.)

Leistung, Gesundheit und Innovativität im demografischen Wandel

**328 Seiten, ISBN 978-3-89967-995-3, Preis: 30,- €**

eBook: ISBN 978-3-89967-996-0, Preis: 20,- € (www.ciando.com)

PABST SCIENCE PUBLISHERS
Eichengrund 28
D-49525 Lengerich
Tel. + + 49 (0) 5484-308
Fax + + 49 (0) 5484-550
pabst.publishers@t-online.de
www.psychologie-aktuell.com
www.pabst-publishers.de

# *M. Kastner, M. Falkenstein, B. Hinding (Hrsg.)*

# Leistung, Gesundheit und Innovativität im demografischen Wandel

Gesundheitsmanagement ist „in", besteht in der Realität aus Insellösungen und „Einfachaktivitäten" wie z. B. Bewegung, Ernährung oder Betriebliche Wiedereingliederung. Wir brauchen aber dringend ein ganzheitliches Vorgehen, im Rahmen dessen Gesundheits-, Leistungs-, Diversitäts-, Demografie- und Innovationsmanagement integriert werden.

Wie können wir zukünftig konkurrenzfähig bleiben, indem Mitarbeiter fit, gesund und munter sowie innovationsfähig sind und bleiben? Und wie können wir besser mit der demografischen Entwicklung und der wachsenden Diversität in Unternehmen umgehen? Diesen Fragestellungen wird hier mit einem besonderen Schwerpunkt auf Pflege und Sozialer Arbeit nachgegangen, da die Folgen des demografischen Wandels im Bereich der Gesundheits- und Sozialwirtschaft besonders deutlich hervortreten. Problemstellungen und Lösungsansätze sind aber in vielerlei Hinsicht auf andere Arbeitsfelder übertragbar.